ANNALES

POLITIQUES ET DIPLOMATIQUES.

IMPRIMÉ CHEZ PAUL RENOUARD,

RUE DE L'HIRONDELLE, N° 22.

ANNALES

POLITIQUES ET DIPLOMATIQUES,

OU

MANUEL DU PUBLICISTE

ET DE L'HOMME D'ÉTAT,

CONTENANT LES CHARTES ET LES LOIS FONDAMENTALES. — LES TRAITÉS, CONVENTIONS ET NOTES DIPLOMATIQUES. — LES PROCLAMATIONS, ACTES PUBLICS, ET AUTRES DOCUMENS OFFICIELS,

Relatifs à la Constitution politique et aux intérêts généraux des États de l'Ancien et du Nouveau-Monde;

Avec Tables chronologique et alphabétique des Matières,

PRÉCÉDÉES D'UNE INTRODUCTION A L'ÉTUDE DU DROIT NATUREL, DU DROIT PUBLIC ET DU DROIT DES GENS.

> Les hommes sont gouvernés par diverses sortes de lois; par le DROIT NATUREL....; par le DROIT DES GENS, qu'on peut considérer comme le droit de l'Univers, dans le sens que chaque peuple en est un citoyen....; par le DROIT POLITIQUE PARTICULIER, qui concerne chaque société.
>
> MONTESQUIEU, *Esp. des Lois*, liv. XXVI, ch. 1er.

TOME III.

PARIS,

CONSTANTIN, ÉDITEUR, RUE SAINT-JACQUES, N° 47;

BOSSANGE FRÈRES, LIBRAIRES, RUE DE SEINE, F. S.-G., N° 12.

M DCCC XXIV

MANUEL
DU PUBLICISTE
ET
DE L'HOMME D'ÉTAT.

N.º 230. — CÉDULE *royale du Gouvernement espagnol, relative aux émigrés qui auraient suivi en France le Gouvernement intrus.*

Madrid, 1.er mars 1818.

(Moniteur du 11.)

Don Ferdinand, par la grâce de Dieu, roi de Castille, de Léon, de Jérusalem, etc., etc., à tous ceux de mon conseil, présidens, juges, etc., sachez :

Qu'au milieu des graves soins qu'exige de moi la réparation des maux infinis causés à l'Espagne par un usurpateur audacieux, immoral et perfide ; rien n'afflige plus mon cœur paternel que le sort de plusieurs de mes sujets bien-aimés, de qui la conduite, dans ces circonstances critiques, me force à réprimer ma clémence naturelle et le désir que j'aurais de les voir heureux. Tels sont ceux qui suivirent en France le gouvernement intrus

III.   1

et même ses troupes, au moment où l'héroïque Espagne parvenait à secouer enfin le joug de l'oppression, grâce à la valeur de ses soldats et à celle de nos fidèles alliés, évidemment protégés par la divine providence. Exilés volontaires, ils n'ont pas même cherché à obtenir leur pardon; ils coururent se précipiter dans l'abîme de misère et d'infortune qui devait être le terme de leur aveuglement.

Et moi, père commun de tous mes sujets, je ne leur ai point retiré mon amour. Les troubles inséparables des révolutions n'étaient point encore tout-à-fait calmés, et déjà, par un effet naturel et spontané de ma bienveillance et de ma générosité, je me hâtai de publier mon ordre suprême du 5o mai 1814, en vertu duquel j'ouvris les portes et le chemin de l'Espagne à la plus grande partie de ces réfugiés; je les rendis à leurs familles, leurs biens leur furent restitués, avec la pleine jouissance de leur sécurité personnelle, sans autres restrictions que celles des mesures de surveillance impérieusement réclamées par le besoin de la commune tranquillité.

Cependant beaucoup de ceux-là mêmes à qui je dispensais cette faveur signalée, n'ont pas voulu revenir en Espagne, quoique le gouvernement français ait cessé de leur accorder les secours dont ils pouvaient se passer, puisqu'ils avaient la faculté de rentrer dans leur patrie, ce qui prouve à la fois et leur peu d'affection pour cette patrie, et le faible prix qu'ils attachent à mes bienfaits. Malgré cela, je n'ai rien voulu changer à mes dispositions à leur égard; j'ai même autorisé la rentrée de plusieurs qui, d'après cette résolution royale du 30 mai 1814, étaient compris dans la règle générale, et que leurs continuelles prières, et les bons témoignages uniformément rendus sur leur conduite, m'ont fait juger dignes de ma clémence. J'ai renoncé gracieusement aux droits que, suivant le délit des propriétaires, les lois me donnaient sur leurs biens (1). J'ai cherché tous les moyens compatibles avec la justice et l'honneur de ma couronne, pour assurer le bonheur de tous sans distinction, ou du moins pour adoucir leurs peines : à cet effet j'ai provoqué les informations des premiers corps et autorités de l'Etat, des personnes les plus dignes de ma confiance. Enfin dans l'intérêt de chacun d'eux, et pour établir un ordre général et non équivoque pour tous les intéressés, il m'a paru convenable de résoudre, dans une seule et définitive résolution, toutes celles qui ont été prises antérieurement sur cette matière, sans exception de la cédule royale du 28 juin 1816,

----

(1) La confiscation des biens qui existe en Espagne, est contraire au droit, en ce que la peine retombe sur des innocens. Elle est abolie par la Charte française de 1814. On cite un édit du Roi de Bavière, en 1808, sur la confiscation ; *Kluber*, Droit des Gens, §. 83. Aujourd'hui, d'après le droit des gens, on épargne, même dans une guerre juste, les propriétés privées ; on n'a donc pas le droit de confisquer, même le bien d'un ennemi ; on ne peut que le mettre hors d'état de nuire.

publiée par mon conseil des finances , de laquelle j'ai suspendu les effets, en attendant que mon conseil de Castille m'exposât son avis sur la mesure générale qu'il s'agissait de prendre. Or, ledit conseil de Castille m'ayant communiqué sa consultation, en date du 16 juin dernier, je l'approuve dans tous les points essentiels, et j'ORDONNE ce qui suit :

Art. 1.er L'entrée du royaume est interdite généralement (sauf le cas d'une grâce particulière ou pardon spécial accordé par moi) à toutes les personnes comprises dans les cinq classes du premier article de l'ordre royal du 30 mai 1814 ; savoir : ceux qui auraient servi le gouvernement intrus en qualité de conseillers ou de ministres ; ceux qui, étant auparavant employés par moi en qualité d'ambassadeurs, ministres plénipotentiaires, secrétaires d'ambassade, résidens ou consuls, auraient ensuite accepté une nomination, confirmation ou lettre de créance du susdit gouvernement, ou continué à le servir dans l'un des emplois ci-dessus désignés ; tout général et officier militaire, jusqu'au grade de capitaine inclusivement, qui se serait mis sous les drapeaux dudit intrus, ou aurait servi dans l'un des corps destinés à agir contre la nation , ou enfin suivi ce parti ; tous les employés dans le ministère de la police, préfets, sous-préfets , et membres de Juntes ou tribunaux criminels ; les personnes titrées, tout prélat ecclésiastique, ou personne revêtue de dignité ecclésiastique, qui en aurait été pourvue par l'intrus , ou qui, la possédant antérieurement par provision du Gouvernement légitime, aurait suivi le parti de celui-là, et se serait expatrié en le suivant.

Sont également frappés de la même interdiction ceux qui, par des résolutions royales, postérieures à celle du 30 mai, ont été compris dans l'art. 1.er, c'est-à-dire les membres des tribunaux civils ; ceux qui ont obtenu des emplois brévetés et salariés ; les journalistes et tous autres qui, par des écrits, proclamations, exhortations et autres moyens de ce genre, auraient coopéré aux vues du gouvernement intrus ; les conseillers de préfecture, les intendans, les chanoines d'églises métropolitaines et de cathédrales, ainsi que les juges de visite, dits visitateurs royaux, quand même ils n'auraient pas eu le titre de conseillers d'Etat ; les espions et délateurs (1).

2. Les individus compris dans cet art. 1.er de l'ordre royal du 30 mai, auxquels ma clémence a permis de rentrer en Espagne, jouiront de cette faveur sans être inquiétés ni recherchés en aucune manière.

3. Sont également libres de toute recherche les militaires du grade de capitaine, qui, en vertu de déclarations du conseil de la guerre, auraient déjà obtenu l'autorisation de rentrer dans le

______

(1) Ces catégories sont larges ; personne n'en est exclus : ceux qui n'ont pas été revêtus de fonctions publiques peuvent être poursuivis comme espions et délateurs. Les tribunaux seuls doivent appliquer les peines légales.

royaume. Mais à l'avenir on regardera comme littéralement privés de ce droit tous les officiers de ce grade et au-dessus qui auraient été au service de l'intrus, soit qu'ils en fussent pourvus antérieurement, soit qu'ils aient été nommés par l'intrus lui-même.

4. A ces exceptions près, tous les autres fugitifs peuvent retourner dans leur patrie, dans les termes et avec les conditions prescrites par la circulaire du conseil, du 27 septembre 1816 : sûreté entière, oubli du passé, ma clémence leur assure ce double bienfait. Ceux qui sont déjà rentrés, et qui n'ont pas encore été mis en possession de leurs biens libres ou de majorats, y seront mis sur-le-champ. Il en sera fait de même à l'égard de ceux qui rentreront successivement, aussitôt qu'ils se seront présentés, pourvu qu'ils ne dépassent pas le délai de six mois, leurs biens léur seront rendus dans l'état où ils se trouvent, sans qu'il puisse être admis la moindre réclamation de leur part relativement aux aliénations qui auraient pu avoir lieu dans les formes légales (1). Ces individus réintégrés dans leurs propriétés, demeureront seulement responsables envers les particuliers qui auraient des droits de dommages à faire valoir contre eux : cette condition est commune à tous ceux qui sont déjà dans le royaume, et pourraient obtenir dorénavant la grâce d'y revenir.

(1) Il en a été de même en France pour les émigrés français.

5. Quoique les biens des personnes comprises dans l'art. 1.er dussent être appliqués au fisc, en juste châtiment du délit des propriétaires, uniquement guidé par mon affection pour mes sujets, même pour ceux qui se sont écartés de leurs devoirs, je veux et j'ordonne que tous les séquestres soient levés indistinctement; que ceux de ces biens qui n'ont pas encore été remis, soit aux individus rentrés, soit à leurs parens immédiats ou à leurs successeurs, par des résolutions particulières émanées de ma royale clémence, soient remis aux parens et successeurs immédiats; que ceux - ci en aient l'administration, mais à la charge par eux de verser annuellement la moitié des revenus dans les caisses du crédit public (caisse d'amortissement), et de donner une pension alimentaire convenable au propriétaire émigré, en tant que celui-ci, par sa conduite ultérieure, ne se rendra pas indigne de cette faveur. Lesdits dépositaires administrateurs seront tenus de présenter chaque année le compte de leur gestion audit établissement de crédit public.

6. Sont exceptés de cette mesure les biens procédant de donation royale, ou venant d'une manière quelconque de la couronne, qui reprend tous ses droits; ces biens retourneront au Domaine.

7. Les susdits parens, administrateurs des biens des individus compris dans l'art. 1.er, devront présenter, avec les comptes de leur gestion annuelle, des certificats de mes agens et consuls des pays où

résident les émigrés, lesquels attestei ont que ceux-ci sont toujours dans les lieux où lesdits agens ou consuls sont établis; qu'ils ne prennent aucune part aux troubles de l'Amérique, et qu'ils n'ont de relations d'aucune espèce qui puissent directement ou indirectement (1) être contraires aux intérêts de mon royaume.

8. Les veuves et les enfans qui étaient mineurs au moment de l'émigration de leurs parens, peuvent rentrer dans leur patrie de la même manière que tous les autres expatriés à qui cela est permis.

9. Aucun de ceux qui rentrent ne peut prétendre aux emplois qu'il avait auparavant, ni porter ses anciennes décorations extérieures; tous jouiront cependant des droits civils, excepté de celui d'exercer des emplois municipaux (*empleos de republica*); ils n'auront aucun droit, soit à des titres héréditaires, soit aux priviléges dont ils jouissaient avant leur émigration.

10. Tous ceux qui sont déjà rentrés, ou pourront en obtenir la grâce à l'avenir, fixeront leur domicile dans un lieu déterminé, et à la distance prescrite de la capitale et maisons royales de Sa Majesté. Les premières dispositions sont maintenues à cet égard (2).

11. A la publication de cette cédule royale,

(1) On ne prouve pas un fait négatif.

(2) Cette amnistie excepte bien du monde, outre qu'elle prive ceux qui ont droit à l'exception, de l'exercice de tous droits politiques, en les plaçant sous la surveillance de la haute police?

toutes les procédures pour cause d'émigration cesseront immédiatement ; tous les séquestres seront levés : toutes les lois et mesures administratives antérieures sont annulées, etc.

N.º 231. — PROCLAMATION *du général en chef de l'armée expéditionnaire de Cadix.*

Quartier-général de Cadix, 8 septembre 1819.

(Moniteur du 7 octobre.)

Soldats, le roi (que Dieu rende éternel) a daigné me choisir pour commander cette armée. Les honneurs ni les emplois élevés ne flattent point mon cœur ; l'expérience m'a appris que le peu de satisfaction qu'ils produisent ne suffit pas pour adoucir l'amertume du commandement. Cependant la satisfaction que j'éprouve de me voir à la tête des troupes sur lesquelles se fondent les espérances du roi et de la patrie , et le bonheur de nos frères séduits et égarés , de ces troupes qui attirent l'attention de l'Europe entière ; cette satisfaction , je le répète , m'occupe entièrement , et me fera affronter tous les dangers de la guerre. Si je parlais à d'autres qu'à vous , je dirais que mon désir serait de vous voir suivre mon exemple ; mais je compte trouver dans chaque soldat un héros. La fortune vous favorise en vous montrant le chemin de la gloire ; c'est à moi à vous conduire, et c'est à vous qu'il appartient de vous rendre supérieurs aux *Pizarre* et aux *Cortès*. Vous êtes destinés à la plus grande entreprise qui ait été conçue : jamais l'Europe n'a déployé un semblable pouvoir. L'honneur de la patrie est compromis ; nous sommes ses enfans chéris, employons donc tous nos moyens pour conserver à son nom l'éclat dont il brille dans l'histoire de nos aïeux. Oui, nous sommes ses enfans chéris, et jusqu'à présent nous avons prouvé que nous étions dignes de l'être. Pourra-t-on douter de votre fidélité, de votre attachement au souverain, de vos efforts pour conserver le bon ordre dans des momens malheureux ?

Vous n'avez point besoin d'instruction pour vaincre ; vous avez donné des preuves récentes et réitérées que vous savez le faire ; mais il est de mon devoir de vous rappeler que vous allez corriger et non punir ; délivrer vos frères plus dignes de votre compassion que de votre courroux, et non combattre des ennemis (1). Mon but n'est pas de vous flatter : l'entreprise est grande, parce qu'elle est pénible ; mais quel est parmi vous, l'Espagnol dégénéré qui s'avilirait au point de préférer une lâche oisiveté aux honorables travaux de la guerre ? Si la gloire pouvait s'acquérir sans efforts et sans fatigue ; elle serait réservée pour les hommes inutiles, pour les lâches, pour ceux enfin qui ne sont qu'un fardeau pour la société.

(1) Un décret royal du 4 janvier 1819, dispose que tous ceux qui seront pris les armes à la main seront fusillés et leurs biens confisqués. Ceci est applicable à ceux qui leur fournissent des munitions.

Le roi a daigné déposer en nous sa confiance ; je suis convaincu que ses espérances ne seront pas déçues, et que, fût-ce même au prix des plus grands sacrifices de notre côté, ses intentions bienfaisantes seront réalisées. Les Amérirains connaîtront leurs intérêts aussitôt que nous les aurons délivrés des misérables qui sont parmi eux et qui les séduisent ; alors les cris de *vive le roi* retentiront à la fois dans les deux Mondes (1).

Signé, comte de CALDÉRON.

N.º 252. — ORDRE *du jour de l'armée insurgée, annonçant le choix du colonel Quiroga pour général en chef de l'insurrection.*

2 janvier 1820.

(Annuaire historique , vol. 1820.)

Les officiers de l'armée d'outre-mer , tous dévoués aux intérêts de la patrie et des troupes qu'ils commandent , ont résolu de prendre les armes pour empêcher l'embarquement et pour établir, dans notre chère Espagne , un gouvernement juste et libéral, qui assure le bonheur du peuple et des soldats. Un général qui ne doit pas ses grades au gouvernement qui veut nous sacrifier, peut seul sauver l'armée et la patrie : le gé-

(1) Déjà il avait éclaté une sédition dans l'armée, alors que le comte de l'Abisbal en était commandant ; c'est lui-même qui la dénonça. Depuis, ce général a reconnu le gouvernement constitutionnel. L'armée de Cadix s'est insurgée de nouveau au commencement de 1820.

néral choisi par l'armée elle-même, est le colonel Don Antonio Quiroga, qui sera solennellement reconnu comme général en chef ; c'est à lui que chacun devra obéir.

Les soldats de l'armée expéditionnaire doivent être convaincus des périls auxquels ils seraient exposés s'ils s'embarquaient sur des bâtimens à moitié pourris, avec des vivres corrompus, sans autre espérance pour ceux qui échapperaient aux tempêtes (quand bien même ils seraient vainqueurs), que de succomber à l'ardeur d'un climat dévorant (1).

Les troupes doivent se rappeler toutes les injustices d'un gouvernement qui a contraint (2) de rester au service ceux d'entre les soldats qui avaient accompli le temps pour lequel ils s'étaient engagés ; qui a trompé des bataillons entiers, en les conduisant, par astuce, sur les bords de la mer.

Elles doivent aussi être persuadées que tant que l'Espagne sera sous le joug de la tyrannie qui l'opprime, il n'y aura point de remède à tous les malheurs dont nous sommes témoins. Elles doivent enfin se convaincre, qu'étroitement unies et décidées à délivrer leur patrie, elles ne seront heureuses que par l'établissement d'un gouvernement modéré et paternel, et d'une constitution qui assure les droits de tous les citoyens. Alors

____

(1) Ce grief, outre qu'il est faux, serait insuffisant aux yeux des partisans du droit d'insurrection.

(2) Si c'est en violation d'une loi, ils pouvaient déserter.

seulement les soldats , couverts de gloire, après une campagne aussi courte que décisive , rentreront dans leurs foyers , où ils recevront les honneurs et les récompenses dus aux services importans qu'ils auront rendus (1).

Les officiers ne sépareront jamais leur sort de celui des soldats qui, de leur côté, doivent, en observant la plus exacte discipline, développer la plus grande énergie.

Le général qui marche à la tête des troupes , plein de confiance dans les efforts de ses compagnons d'armes, saura punir avec justice ceux qui manqueraient à leurs devoirs, et récompenser avec munificence ceux qui se signaleront dans une entreprise aussi noble dans son principe que facile dans son exécution.

Vive la nation ! vive la liberté ! vive Quiroga!

N.º 233. — ACTE *du gouverneur militaire de Cadix, relatif à l'insurrection des troupes.*

Cadix, Rempart de fidélité, 6 janvier 1820.

(Moniteur du 2 février.)

Habitans de Cadix, véritables Espagnols, qui , à toutes les époques , avez donné des témoignages non équivoques de votre attachement et de votre fidélité à Ferdinand VII, le meilleur des rois , no-

---

(1) C'est ainsi qu'est terminée la proclamation de Napoléon, au golfe Juan , 1.er mars 1815.

tre cœur est affligé de nouveau par une maladie intestine beaucoup plus grave peut-être que la maladie corporelle de laquelle nous sortons, et dont nous ne sommes pas entièrement libres encore.

Une bande de rebelles parjures, qui, oubliant l'honneur et notre sainte religion, s'est laissée entraîner et séduire par de fausses promesses, vient de s'introduire dans la ville de San Fernando et dans d'autres communes, où elle commet les excès que vous connaissez, sans autre but que celui d'aider quelques perfides à réaliser leurs projets iniques, et de rendre inutile une expédition préparée dans des circonstances extrêmement critiques, expédition qui fait le plus grand honneur à l'Espagne et qui serait la destruction de ses enfans égarés. Mais Dieu qui veille sur nous, et qui protège très-particulièrement cette ville, a voulu la préserver et il la préservera d'un malheur aussi grand ; il maintiendra parmi vous cette fidélité au roi, que jusqu'ici vous avez fait éclater. Dans les dangers dont nous sommes environnés, votre gouverneur militaire n'a rien à craindre au milieu de vous ; continuez d'être fidèles à notre souverain, et méprisez les conseils que des méchans chercheraient à vous donner ; rendez-moi compte de tout ce que vous découvrirez, en m'aidant à détruire les ennemis de nos foyers. Les réunions nombreuses dans des lieux publics étant dangereuses dans ces circonstances, j'espère que vous les éviterez, en attendant les règles de conduite que je croirai juste et nécessaire de vous prescrire.

Signé, VALDÈS.

N.º 234. — PROCLAMATION *du même.*

7 janvier 1820.

Héroïques habitans de Cadix, un petit nombre de militaires aveuglés et indignes du nom Espagnol, ont voulu troubler la tranquillité publique, en s'arrogeant le pouvoir d'imposer des lois au prince, et en oubliant la fidélité qu'ils lui ont jurée. Leur audace ne tardera pas à être punie comme elle le mérite, par les fidèles sujets du roi; ils se réunissent avec activité dans les environs d'Utrera, et ils présenteront bientôt une force supérieure à celle des révolutionnaires, organisée d'après des principes plus militaires, et conduite par des chefs expérimentés, fermes, et d'une réputation reconnue. J'espère que vous apprendrez avec satisfaction leur défaite, dont la nouvelle nous parviendra d'un moment à l'autre; mais en attendant, l'intérêt de chacun, le bien de tous, l'honneur qui appartient à cette ville illustre, et la conservation de la bonne opinion qu'on a d'elle, tout exige des preuves nouvelles de modération, d'obéissance et de tranquillité, reposez-vous au sein de vos familles, et comptez que d'autres veillent pour votre sûreté : tout est prêt, et les ennemis de l'ordre ne réaliseront pas leur

projet. Le gouvernement qui réunit toutes les juridictions, en raison des circonstances (1), ne négligera aucune démarche pour remplir ses devoirs
envers le roi et envers vous; il vous demande de
concourir à l'objet qu'il se propose, en supportant
avec résignation toute incommodité qui pourrait
en résulter pour vous. Justifiez que vous apparte-
nez à l'héroïque ville de Cadix, digne d'une éternelle mémoire ; car, si dans d'autres temps elle
fut le rempart de la liberté du royaume, elle ne
l'est pas moins aujourd'hui de la fidélité la plus
pure : constance et obéissance, voilà ce que vous
recommande avec intérêt le gouverneur militaire
et politique de cette ville.

N.º 235. — PROCLAMATION *du même.*

9 janvier 1820, publiée le 10.

J'ai déjà fait connaître les sentimens dont je
suis animé pour le bonheur de cette héroïque
ville, et pour le succès des armes du roi. J'espère que personne ne doutera de ces sentimens ;
et que je conserverai la confiance dont je jouis
parmi les habitans de Cadix, toujours fidèles,
toujours loyaux et toujours attachés à leur souverain.

Les circonstances critiques dans lesquelles je me
trouve, et qui sont sans exemple, m'obligeant à
surveiller et observer avec le plus grand soin la

(1) C'est l'état de siège. *Salus populi suprema lex esto.*

conduite de chaque individu, j'ai vu avec plaisir que Cadix est libre de la contagion d'infidélité, quoique j'aie remarqué, avec peine, qu'un très-petit nombre de personnes, mal informées sans doute, cherche à discréditer la bonne opinion que tous les habitans méritent en général. Que dirait-on, si ce petit nombre d'individus parvenait à affaiblir la bonne réputation de toute la ville? Loin de moi une semblable pensée qui remplit mon cœur d'amertume; mais je ne puis me le dissimuler, il faut que je prenne des mesures qui me mettent à l'abri du reproche de négligence. Je n'ai aucune méfiance de Cadix; j'aime cette ville et ses habitans; mais si par malheur il s'y trouvait quelque individu qui, oubliant ses devoirs, et excité par des passions, voulût troubler la tranquillité de la place et sa sûreté, soit par des rassemblemens que dès à présent je défends, soit par des pamphlets ou affiches, soit enfin par tout autre moyen répréhensible, il sera puni d'après les lois, et exécuté militairement (1).

N.° 236. — PASTORALE *de l'évêque de Cadix aux habitans de son diocèse, au sujet de l'insurrection.*

Cadix, 9 janvier 1820.

(Moniteur du 8 février.)

Nous Don François-Xavier Cienfuégos y Jovellanos, par la grâce de Dieu et du Saint-Siége apos-

(1) C'est distraire les citoyens de leurs juges naturels.

III.

tolique, évêque de Cadix et d'Algésiras , conseiller de S. M., etc., etc.

Les ennemis de l'ordre public se sont présentés devant nous, avec l'intention criminelle de nous soustraire à l'obéissance que nous avons jurée et que nous devons à notre légitime souverain Ferdinand VII. Satisfait de votre fidélité et de votre sincère attachement à **S. M.** , je croyais qu'il ne serait pas nécessaire de vous exhorter à persévérer dans vos sentimens envers sa personne sacrée, comme le prescrit la sainte religion que nous professons ; mais des proclamations adressées par des révoltés aux habitans, pour les attirer dans leur parti , étant tombées dans mes mains, j'ai craint que leur langage séducteur ne fît quelqu'impression sur les gens crédules. Le désir de votre bonheur me fait prendre la plume pour vous prévenir de vous tenir en garde contre les promesses trompeuses de ces rebelles. Ne les croyez pas, mes enfans, ce sont des loups rapaces qui, sous la peau de brebis, se présentent au milieu de vous , sans autre but que celui d'exhaler leur haine contre les autorités légitimes qui les poursuivent pour des délits commis , ou celui de se soustraire aux châtimens dont ils sont menacés pour leur impiété et leurs rébellions répétées. D'autres courent avec avidité après des honneurs et des richesses , pour satisfaire l'ambition qui les dévore ; ils s'arrogent cette même souveraineté que leur orgueil ne peut pas supporter chez les autres , et ils veulent l'exerver avec des manières plus insultantes que celles employées par les princes orientaux eux-mêmes.

Sachant la grande influence que la religion exerce sur notre esprit, ils l'invoquent à leur secours, en assurant qu'ils respecteront la religion de nos pères. Mais quelle confiance peuvent inspirer leurs promesses, quand le premier pas de leur téméraire entreprise est de briser un des plus sacrés préceptes du christianisme? Ignorent-ils, ces insensés, que tout homme qui se met en rébellion contre son roi légitime, résiste à Dieu lui-même? La religion n'autorise point et n'autorisera jamais les rébellions, eussent-elles en apparence des motifs fondés de plainte: elle nous prescrit, au contraire, d'obéir aux princes, quand même ils seraient méchans.....

Comment la religion pourrait-elle permettre de rompre, d'une manière aussi scandaleuse, le serment de fidélité que nous avons prêté à notre souverain? Les factieux cherchent à vous induire dans cette sacrilége transgression: ou ils ignorent les liens qui les attachent à l'autorité souveraine du roi, ou ce sont des parjures abominables.

Ainsi la religion et votre propre intérêt vous commandent de persévérer avec constance dans votre adhésion au trône de notre souverain légitime, aussi digne de notre amour et de notre respect, qu'injustement persécuté par ces factieux, qui ne méritent point le nom de chrétiens ni celui d'Espagnols.

2.

Ne cessez pas de demander au ciel d'extirper d'entre nous ces semences de rébellion jetées par le démon ; elles se montrent de temps en temps sur notre sol et nous privent de la paix, sans laquelle les progrès des arts, de l'agriculture, du commerce, ni la sagesse des lois, ne peuvent rendre heureux les peuples. Cette paix, qui ne peut venir que du ciel et qui est accordée aux hommes, doit être l'objet de nos vœux, principalement dans ces jours d'amertume.

Soumettez-vous donc, pour l'amour de Dieu et dans l'ordre de la Providence, soit au roi, comme votre souverain, soit aux gouverneurs envoyés par lui pour vous venger des malfaiteurs et protéger les hommes de bien ; telle est la volonté de Dieu. En vous conduisant bien, vous ferez taire l'ignorante audace des gens imprudens. Comme hommes libres, honorez et aimez vos pères; craignez Dieu et respectez le roi : soyez obéissans, non-seulement au roi, mais encore à vos supérieurs bons et modérés. Si vous agissez ainsi, ne doutez pas que dans ce monde vous ne jouissiez du repos que promet J.-C. à ses enfans.

N.º 237. — PROCLAMATION *du commandant en chef du camp de Gibraltar, sur l'insurrection de l'armée expéditionnaire.*

Quartier-général d'Alcala de los Gazulès, 9 janv. 1820.

(*Moniteur du 6 février.*)

Espagnols, officiers et soldats d'une partie des corps de l'armée expéditionnaire, séduits par une poignée de factieux qui se sont abandonnés au premier mouvement de leurs cœurs corrompus, avez - vous réfléchi un seul instant aux conséquences que doivent entraîner nécessairement et votre désobéissance au souverain bien-aimé pour lequel vous avez combattu avec tant de valeur et tant de succès, et votre révolte sans exemple, et la scandaleuse arrestation de votre général en chef? Ces factieux ont cherché à vous persuader que toute l'armée espagnole et la nation entière embrasseraient votre parti criminel ; mais vous avez reconnu tout ce qu'une semblable espérance avait de chimérique, puisque la majeure partie de votre armée même et tous les Espagnols qui se font gloire de porter ce nom, soit militaires, soit citoyens, ne s'écarteront jamais du sentier de l'honneur ni du respect, de l'attachement et de la fidélité dont ils font profession envers le roi notre souverain, et les autorités constituées en son nom.

Les troupes de toutes les armes que je conduis contre vous, et les bataillons des régimens du Prince et de l'Amérique qui doivent s'y réunir, désirent de ne pas se trouver dans la dure nécessité de verser votre sang pour vous ramener à la raison; mais ils sont fidèles et braves, et, si cela était inévitable, ils répandraient le leur avec le vôtre pour vous soumettre, et prouver leur fidélité au souverain qu'ils ont replacé sur le trône de ses pères.

Un seul moyen vous reste pour diminuer votre grande faute et pour obtenir un pardon qu'un monarque généreux, que vous offensez d'une manière si cruelle, est toujours disposé à vous accorder : je vous offre d'intercéder en faveur de tous les officiers et soldats qui se présenteront immédiatement à mon quartier-général, ou sur les divers points occupés par mes troupes ; ils y seront reçus comme des hommes égarés qui fuient la sédition ; à l'exception toutefois des chefs ou fauteurs du complot.

Profitez donc du jour de clémence, et craignez le terrible châtiment qui vous attend si vous persistez dans votre erreur.

Signé JOSEPH O'DONNELL.

———————

N.º 258. — PROCLAMATION *du général Freyre, à l'armée réunie sous ses ordres à Séville.*

10 janvier 1820.

Soldats, les droits de notre souverain, aimé, reconnu et respecté par la nation entière, ont été méconnus par des factieux qui, s'érigeant en arbitres de la destinée ou de la volonté générale, veulent rétablir des institutions par lesquelles les Espagnols n'ont pu obtenir leur bonheur, comme l'expérience l'a bien prouvé.

Le trône, la nation entière les ont unanimement proscrites (1). Je me place avec plaisir à votre tête, pour tâcher de désabuser et ramener ceux qui se sont laissés séduire, et étouffer leurs projets. Votre

____

(1) Les ministres du roi seul ne sont pas la Nation. La Constitution de 1812 a été reconnue par l'Angleterre et la Russie, et détruite par un simple acte royal du 4 mai 1814, avec une promesse de nouvelles lois constitutionnelles qui n'a pas été remplie.

fidélité m'encourage, et la confiance que j'ai dans votre valeur éprouvée me fait espérer que, sous. peu, j'aurai la douce satisfaction d'assurer le roi (1) que ses droits sacrés ont été soutenus par les efforts d'une armée, que l'or, les promesses, ni la séduction n'ont pu détourner du chemin de l'honneur. Soldats, servez de modèles aux armées : je suis assez récompensé par le plaisir de vous commander, et le roi, n'en doutez pas, reconnaîtra généreusement votre fidélité et votre constance.

N.º 239. — PROCLAMATION *du gouverneur de Cadix.*

Cadix, 11 janvier 1820.

Héroïques habitans de Cadix, fidèles sujets de Ferdinand VII, réjouissez-vous ! Vous avez déjà des compagnons de loyauté et de fidélité. Jetez les yeux sur la proclamation que le commandant général du camp de Gibraltar, Don Joseph O'Donnell, vient de publier pour confondre les séditieux. Voyez avec quelle générosité il offre de pardonner, au nom du plus clément des monarques, à ceux qui se soumettront. Douterez-vous plus long-temps de vos devoirs ? Craindrez-vous encore que ce petit nombre de gens égarés soit capable d'obtenir un triomphe quelconque sur notre honneur et sur notre héroïsme ? Désabusez-vous : ce brave général était déjà le 9 à Alcala de los Gazulès ; avant peu nous serons réunis, et nous

---

(1) Les droits du roi ne sont autres que ceux du peuple. *V.* Vattel, liv. 1.er, §. 39, 40.

rendrons ensemble des actions de grâces au Dieu des armées, qui nous délivre de la fureur des pervers et nous restitue la paix.

Signé, VALDÈS.

N.° 240. — MANIFESTE *de l'armée de l'île de Léon à la nation espagnole.*

San Fernando, 13 janvier 1820.

(Annuaire histor., 1820; p. 650).

Les soldats de l'armée espagnole qui ont embrassé, au commencement de l'année, la cause de leur patrie, croient devoir lui exposer les motifs de leur conduite, les démarches qu'ils ont faites jusqu'à ce jour, les sentimens qui les animent et les espérances qu'ils nourrissent en faveur de la nation dont ils sont les fils.

Ils ne rappelleront point ici au souverain de cette nation, la gloire qu'elle a acquise jadis par ses vertus; l'histoire l'a fait assez connaître, et les Espagnols d'aujourd'hui, quelque différens qu'ils soient de leurs ancêtres, se plaisent toujours à admirer les monumens de leur héroïsme.

Le pays des Pélage, des Alphonse, des Fernand, des Gonzalès, des Cid, était célèbre dans le monde; son beau sol, le plus fertile de l'Europe, s'énorgueillissait de la gloire dont se couvraient ses héros; il n'avait rien à envier aux autres nations, en fait de succès dans les armes, dans les arts, dans la législation, dans l'industrie, dans les sciences et la littérature; il était même pour plusieurs un modèle et un objet d'envie.

Invincibles dans la guerre, généreux et aimables dans la paix, les Espagnols se distinguaient par leur esprit, par leur intelligence, par la profondeur de leur génie et les sentimens d'honneur qui étaient si profondément gravés dans leurs cœurs.

Comment se fait-il que cette nation, jadis la première de l'Europe, soit descendue, depuis trois siècles, au rang des Etats subalternes et insignifians? Comment se fait-il que la nation qui dominait jadis sur l'Italie, les Pays-Bas, la côte d'Afrique, les immenses et riches provinces de l'Amérique, ait commencé à décliner du moment où elle eut acquis de si vastes Etats, une puissance si formidable? Comment se fait-il que l'industrie, les sciences, les arts, n'aient pas fait autant de progrès chez nous que chez les autres Européens? Que le caractère national se soit profondément altéré aux yeux de l'observateur exercé à saisir les traits de la physionomie des nations? Qu'un pays, en un mot, qui devrait jouer un rôle si imposant dans le monde, soit privé de tous les avantages dont il était digne?

Espagnols! il est aisé de résoudre ce problême. Quand les nations deviennent une fois la propriété absolue d'un homme (1), elles sont condamnées au dépérissement : le bien public n'occupe plus les citoyens; le désir de se dévouer à la seule grandeur du prince remplace le patriotisme et le sentiment de la gloire ; la séduction, l'intrigue, les vues sor-

____

(1) Le gouvernement absolu est illégitime. *V.* Vattel, liv. 1.er, 68.

dides , l'imposture , la trahison et la perfidie sont autant de mauvais génies qui entourent les rois absolus et arbitraires. L'Espagne a plus souffert de ces fléaux qu'aucune autre nation : depuis l'époque où Ferdinand V commença à river ses chaînes, les princes de la maison d'Autriche se sont efforcés d'élever le système de despotisme dont nous connaissons si bien les résultats. Depuis ce temps, les peuples n'ont plus été comptés dans la politique; les représentans qui défendaient leurs droits ont disparu. Dès-lors, aussi, le principal but des ouvrages du génie a été de flatter les passions des rois , de les remplir de l'idée de leur toute-puissance ; personne ne s'est plus inquiété des droits de l'homme , du bonheur des peuples, de l'énergie qui fait la force des Etats , des vertus qui assurent leur félicité et leur gloire.

C'est en vain que la Nation s'est montrée grande et digne de son nom , quand celui qui donnait des lois à l'Europe a préparé , pour l'asservir , de perfides machinations ; les armées qui portaient la terreur dans les autres pays , ne purent étouffer la voix généreuse de l'Espagne. Le fer , le feu, la destruction, tous les fléaux de cette guerre inouïe, ne parurent que de légers sacrifices quand il fallut venger l'honneur insulté. Non contente de combattre contre ses ennemis extérieurs, la nation voulut détruire des ennemis intérieurs encore plus dangereux, au moyen d'un gouvernement qui assurait la liberté civile et la propriété. La Constitution fut jurée en face des baïonnettes ennemies : ces baïonnettes disparurent du territoire, et l'ennemi vit la fin de son pouvoir et de son triomphe.

Mais quels avantages le peuple a-t-il tirés de ses sacrifices et de sa valeur ? Qu'est devenu l'édifice dont la loi avait posé les fondemens, et qui aurait dû être inébranlable ? Le roi, qui devait le plus à la nation, fit le premier essai de sa force en le renversant (1); les pères de la patrie, qui l'avaient élevé, furent traités en criminels. Aimer et désirer le gouvernement le plus avantageux à l'Espagne, ce fut un crime de haute-trahison. Des institutions repoussées par l'esprit humain, et qui avaient provoqué la dernière invasion, furent rappelées avec une sorte de fureur et exaltées avec une détestable hypocrisie. On inventa le crime de *mécontentement* contre la personne royale, crime inconnu en Europe jusqu'alors : des prisons, des exils, furent la récompense de ceux qui avaient le plus mérité de la patrie ; des cœurs ouverts aux inspirations de la gloire se remplirent de terreur ; et, à l'esprit de liberté qui donne la vie aux États, succéda le souffle empesté de l'esclavage qui porte la mort civile partout où il se fait sentir.

Non, jamais nation ne fut plus insultée, plus arbitrairement traitée. L'Espagne donna, dans ces circonstances, un exemple de patience qui étonna l'Europe. Ceux qui voulaient faire croire que son enthousiasme contre la France avait été l'effet

______

(1) Par l'acte du 4 mai 1814. T. II, p. 343.

de la superstition, triomphèrent alors de ceux qui lui attribuaient des sentimens plus généreux. En effet, quel soupçon cette apathie extraordinaire ne pouvait-elle pas faire naître? Avec quelle rapidité retomba cette nation qui avait pris un essor si sublime! Comment souffrit-elle que l'édifice qu'elle avait cimenté de tant de sang, qui avait coûté tant de travaux, fût renversé? Comment présenta-t-elle sa tête au joug, après tous ses efforts pour le secouer?

Espagnols! cette funeste faute vous a jetés dans l'esclavage; elle vous entraînera à votre perte si vous ne vous réveillez pas. Vous mettrai-je devant les yeux le triste tableau de ses conséquences? Mais pourquoi l'entreprendrais-je puisque vous les avez vues vous-mêmes? Qui n'a pas ressenti douloureusement la faiblesse d'un gouvernement sans caractère, sans principes; sous lequel la nation est nulle dans la balance politique de l'Europe? Qui n'a pas été indigné de la corruption de ses agens, des abus criminels que tant de fonctionnaires publics ont fait du pouvoir déposé dans leurs mains, enfin de la métamorphose de l'Espagne en un théâtre de vol et de pillage où celui qui faisait le plus de butin était le plus estimé? Qui n'a pas éprouvé une pénible tristesse en voyant ces scènes de calamités publiques, les champs incultes, le commerce détruit, l'industrie paralysée, les lois impuissantes, la licence impunie, la sûreté publique violée, les délateurs triomphans, et la misère traînant partout à sa suite une affreuse corruption ; en un mot une nation tombant comme une masse, morte dès ses premiers pas dans la route des prospérités que lui ouvrait une nouvelle vie?

Ces maux, dont nous ne présentons qu'une faible esquisse, déchirent le cœur de tous ceux qui soupirent au doux nom de patrie. De généreux Espagnols qui se sont levés franchement pour les détruire, ont été victimes de la perfidie et de la force armée, qui devient le fléau des nations quand elles sont dans la servitude : les supplices, les exils, ont été les tristes fruits de leurs efforts héroïques. Le mécontentement croissait avec la misère, les honnêtes gens pleuraient leurs dignes défenseurs, et répétaient leurs noms avec les accens de l'admiration et de l'affection qui leur sont dues.

Les malheurs de ces braves n'ont point intimidé le corps de l'armée nationale, qui s'est présenté hardiment dans une arène si fertile en célèbres catastrophes : les misères de la patrie ont arraché aux troupes la déclaration qu'elles ont faite de la rendre heureuse ou de mourir pour elle. Rétablir le pouvoir des lois et faire jouir la nation du droit de régler ses propres intérêts, tels ont été les motifs qui seuls les ont engagés à arborer l'étendard national. Leur première démarche, en prenant une telle résolution, a été de proclamer la Constitution politique de la monarchie espagnole, objet de prédilection et d'amour pour tous ceux qui veulent ardemment le triomphe de la justice ; toutes leurs autres actions ont été dirigées selon cette règle sacrée.

Les désordres, la violence, n'ont point souillé la gloire et la valeur qui distinguent les soldats de cette armée ; les propriétés ont été respectées ; la tranquillité publique a été maintenue par la plus exacte discipline, et l'on devait attendre des cœurs espagnols le respect de toutes les institutions religieuses ; l'armée elle-même n'a éprouvé d'autres changemens que ceux qui étaient absolument nécessaires pour son organisation. Soutiens et boulevards de la patrie, les soldats ne sont pas législateurs ; ils consacrent leur valeur, leur énergie, leur sang à la noble ambition de se soumettre aux lois fondées sur l'équité et la raison.

Peuple d'Espagne, peuple brave, généreux et grand, peuple appelé par votre destinée à être le premier sur le globe, unissez-vous à vos enfans, posez les bases des lois qui constitueront votre prospérité et votre grandeur ; osez faire usage de vos droits et rétablir ce que vous avez si solennellement promulgué. Sans lois, il n'existe plus d'Etat ; sans lois sanctionnées par des représentans, il ne peut y avoir de liberté civile, le plus grand bien dont puisse jouir un citoyen. Recueillez aujourd'hui les fruits des lumières et de l'expérience des siècles ; donnez au monde ce grand spectacle qu'il attend de la nation qui a communiqué le mouvement à l'Europe.

Ne souffrez pas que l'on dise que l'apathie est

votre élément, et que les fers de l'esclavage peuvent seuls vous convenir. Unissez-vous à vos fils qui n'aspirent qu'à l'honneur sublime de les briser : leurs armes et leur sang sont à vous, et des milliers de bras n'attendent que votre signal. Qu'espérez-vous ? Quel obstacle vous arrête ? Qui s'opposera à la volonté de tout un peuple ?

Espagnols ! si vous ne profitez pas d'une pareille occasion, si vous ne sentez pas tout le prix du rayon de bonheur qui commence à paraître, ne soupirez plus, ne vous plaignez plus ; vous aurez mérité de souffrir les maux que vous éprouvez : les larmes que vous verserez n'exciteront la compassion de personne. Si, par votre pusillanimité, nous ne réussissons pas dans une entreprise aussi noble, nous aurons du moins la glorieuse satisfaction de l'avoir commencée. Quel que soit notre sort, il devra être envié de ceux-mêmes qui sont abattus sous le souffle de la corruption, et qui, dans leur ignominie, n'échapperont pas aux poursuites d'un remords éternel.

Comme chef et organe de l'armée,

Antonio Quiroga.

N.° 241. — Ordre *du jour du lieutenant du roi de la place de Cadix, au sujet des troubles.*

Cadix, 27 janvier 1820.

(Moniteur du 17 février.)

Don Alonzo Rodriguez Valdès, brigadier des armées royales, de l'ordre de Saint-Herménégilde,

lieutenant de roi de la place de Cadix, gouverneur provisoire, etc.

Dans l'événement arrivé la nuit du 24 de ce
mois, on a vu plusieurs bourgeois armés qui ont
suivi le parti des séditieux et qui ont occasionné
des dommages et des pertes qui sont à la connaissance de tout le monde. Ces individus ne veulent
point répondre à la bienveillance avec laquelle je
les ai traités, et abusant de ma bonté, ils continuent leurs efforts coupables : il n'est plus possible
d'éviter la rigueur de la loi, et, pour la faire exécuter dans toutes ses dispositions, j'ordonne :

Que dans aucun lieu public il ne puisse y avoir
de réunion de plus de trois personnes ; passé ce
nombre, elles seront dispersées par la force. Aucune personne, n'importe le sexe, ne pourra s'arrêter, pendant toutes ces circonstances, dans les
cabarets ni dans les boutiques, sous le prétexte de
boire ou d'acheter, et sera tenue d'en sortir après
avoir fait ses achats ; à cette fin, on retirera tous
les bans et tables qui s'y trouvent. Tous les cafés
seront fermés à *l'angelus* ; on ne permettra à qui
que ce soit d'y rester passé cette heure, quand
même ce serait une personne bien connue. Les
propriétaires de ces établissemens, sur leur vie et
leurs biens, sont responsables de l'exécution de
cette mesure qui sera également applicable aux
maisons de jeu établies avec permission. Tous les
habitans qui auraient des armes blanches ou à feu,
appartenant au roi notre maître, seront tenus,
sous peine de mort, de les remettre à leur com-

missaire respectif, dans le délai de vingt-quatre heures, à compter de la publication du présent édit. Les commissaires surveilleront, sous leur responsabilité, l'exécution du présent ordre et de ceux que je leur ai précédemment communiqués, leur permettant de faire toutes les recherches et perquisitions qu'ils croiront nécessaires sur les personnes et dans les maisons de leurs quartiers, pour lesquelles je leur fournirai tous les secours qu'ils me demanderont.

N.º 241. — PROCLAMATION *du général Freyre aux soldats révoltés de Saint-Ferdinand.*

Xérez de la Frontera, 29 janvier 1820.

(Moniteur du 20 février).

Soldats ! lorsque le peuple espagnol voulut revendiquer les droits de sa liberté violés, il sut faire de généreux efforts pour secouer le joug de la tyrannie ; il parvint, au prix des plus héroïques sacrifices, à rétablir sur le trône son roi, l'unique objet (1) d'une aussi sanglante lutte ; il lui renouvela en même temps le pacte de sa fidélité et de son obéissance. Son caractère ferme et constant lui a valu ces avantages auxquels personne n'attentera jamais impunément ! Les lois et les mœurs de ses aïeux lui parurent suffisamment respectables et préférables aux nouvelles institutions. Le

(1) Cela est démenti par l'Histoire de la Révolution de 1808. La Nation se battait aussi pour sauver sa liberté.

III.   3

gouvernement monarchique, dirigé par la dynas-
tie régnante, est le lien qui unit les Espagnols en
société, et c'est un délire que de prétendre faire,
dans son système législatif, des changemens auxquels
s'oppose d'ailleurs la majorité des vœux (1). Exciter
des troubles c'est causer des effets funestes. Les
maux soufferts par la mère-patrie ne l'ont point
abattue : elle est affligée de se voir blessée par ses
propres enfans.

Réfléchissez, soldats surpris et égarés, celui
qui vous offre le ~~pardon~~ d'un crime que vous
avez commis avec précipitation, ne veut point
vous tromper ; et vous, officiers qui avez suivi
imprudemment quelques chefs séditieux, sachez
que la clémence du roi vous tend aussi une main
généreuse ; je vous promets, en son nom, le pardon et d'autres bienfaits que vous attirera votre
soumission. Volez tous dans mon camp où l'on
vous prépare l'amnistie au lieu de l'effusion du
sang.

N.° 243. — PROCLAMATION *du même aux habitans de Cadix.*

Même date.

Votre fidélité et votre constance vous ont acquis le surnom d'invincibles, lorsqu'à la face de
l'Europe entière vous avez énervé le pouvoir de
Bonaparte. Vous avez su conserver l'honneur

______

(1) C'est la question dans toute révolution.

espagnol dans votre petite enceinte, lorsque la Péninsule entière était subjuguée et soumise à un monarque étranger. Vous avez soutenu l'espérance faible et vacillante dans les cœurs généreux qui surent résister à la séduction, et vous avez encouragé les braves qui, disséminés dans les provinces, ont acquis une gloire immortelle à nos armes. L'Espagne obtiendra dans le monument éternel de l'histoire, et transmettra aux siècles les plus reculés la reconnaissance qu'elle vous doit de sa liberté; elle fera retentir avec étonnement, aux extrémités de la terre, l'écho de votre nom.

Elevé, par le choix de notre auguste souverain, au poste de chef des héroïques défenseurs de la patrie, qui, dans des circonstances désespérées, ont donné des preuves de fermeté et de loyauté, pourrais-je douter un moment de votre constance à rester fidèles au roi, de l'exécution de mes ordres, de la cause que vous embrasserez, et de la résistance que vous ferez aux séductions criminelles des révoltés? Peut-on penser que Cadix, armée dans le temps pour défendre l'Espagne des ennemis étrangers qui ont cherché à l'envahir par mer, ouvre ses portes à une faction séditieuse? Le moindre soupçon auquel donnerait lieu le dernier des citoyens ternirait votre ancienne gloire.

La noblesse de vos sentimens patriotiques est le garant de cette entreprise, et la vigilance de votre gouverneur ajoute à ma confiance.

3.

Je serai le témoin fidèle de la conduite politique de tous, et le protecteur impartial pour
obtenir de notre souverain les récompenses dues
à chacun, sans que la conduite insensée de quelques étourdis qui ont voulu altérer la tranquillité publique, attire la note d'infidélité sur ceux
qui se rendront dignes de ces récompenses; et le
maintien, dans vos foyers, de l'ordre paisible de la
société sera pour vous une nouvelle gloire.

N.° 244. — DÉCRET *du roi d'Espagne , sur
l'organisation du Conseil d'Etat.*

Madrid , 3 mars 1820.

(Annuaire historique , 1820.)

Depuis que la providence , soutenant de sa protection spéciale cette nation brave et généreuse
qu'elle confie à mes soins paternels et dont les
hauts faits ont été l'admiration du monde , me
rendit au trône des Espagnes , mon cœur , ne res-
pirant que le bonheur de mon peuple , a ardemment désiré de trouver les moyens de rétablir l'ordre dans toutes les branches de l'administration ,
et de guérir les plaies qu'une guerre désastreuse et
sans exemple a faites au corps politique de l'Etat.
Mais , par malheur , les circonstances où se trouve
l'Europe , les soins qu'exigeait l'état de nos colonies égarées , de ces riches et immenses possessions
du Nouveau - Monde , partie aussi belle qu'inté-
grante de la monarchie espagnole ; la difficulté de

remédier à des abus invétérés, tout en prévenant
des innovations dangereuses et prématurées, dont
quelques-unes, quoique dictées par un zèle loua-
ble, ont fomenté l'esprit de parti, source des plus
grands malheurs pour la société ; et d'autres circonstances enfin qui apportent nécessairement des
retards à des projets le plus sagement conçus, n'ont
pas permis à mon cœur de jouir jusqu'à présent
de cette consolation si impatiemment désirée (1).

Convaincu en même temps que les meilleures
dispositions deviennent infructueuses lorsqu'elles
sont prises isolément, je nourrissais depuis long-
temps le projet d'un système général, uniforme et
bien réglé, qui, combinant tous les intérêts et
conciliant tous les esprits, pût réaliser mes vues
et porter cette nation au plus haut degré de prospérité et de gloire, qui doit être son partage ; et
quoique, de quelque côté que je jette les yeux,
je voie le génie du mal inquiet et turbulent inspirer partout des idées subversives et révolutionnaires (même chez les nations les plus éclairées),
les forçant par là à prendre des mesures vigou-
reuses pour arrêter ses progrès, je ne puis me défendre d'éprouver une satisfaction inexprimable
lorsque j'aperçois le peuple espagnol, toujours
loyal et constant, repousser noblement ces insti-

____

(1) Voyez les promesses consignées à la fin de l'acte du 4 mai 1814,
d'assembler les Cortès et d'établir *avec elles* les lois de la monarchie, la liberté de la presse, la participation à l'autorité législative, etc.

gations et celles d'un petit nombre d'hommes ; les uns séduits , d'autres entraînés malgré eux , qui ont cherché en vain à ébranler sa fidélité.

C'est par cette fidélité de mon vertueux peuple , pour les sacrifices qu'il a faits pour ma personne, avec un dévouement si rare et à des époques si difficiles ; c'est surtout en prenant conseil de mon propre cœur qui lui est si tendrement affectionné , que je veux redoubler d'efforts pour assurer son bonheur. L'organisation de l'armée , que des circonstances commandent impérieusement ; le rétablissement de l'ordre dans les finances, qui se ressentent du désordre auquel on a cherché en vain à remédier, ainsi qu'aux abus introduits dans l'administration , d'où il est résulté que le peuple se trouve surchargé d'impôts ; les délais qu'éprouve l'administration de la justice , malgré des lois sages et de vertueux magistrats ; la décadence de l'agriculture et les entraves qui empêchent ses progrès ainsi que ceux du commerce et de l'industrie, les trois sources de la richesse publique , ont enfin fixé mon attention et réclament mes soins.

Mais, pour atteindre le but qu'exigent le bonheur de mon peuple et mon amour pour lui ; pour remédier à des maux dont une partie devait nécessairement échapper à la prévoyance du gouvernement, et dont l'autre a pris naissance dans les événemens antérieurs , soit que ceux-ci soient regardés comme une suite du bouleversement général , ou comme le résultat de passions viles ; cette entreprise exige du calme et du repos, afin que les mesures à prendre soient dictées par la prudence, et afin de prévenir l'effervescence que, dans d'autres pays, les ennemis de l'ordre ont suscitée, présentant sous un faux jour le nom sacré de l'intérêt public, et exaltant l'imagination par des idées chimériques qui n'ont abouti qu'à produire le ressentiment des partis et le malheur des nations, qui ont toujours fini par en être les victimes.

En conséquence, averti par de si malheureux exemples, j'ai vu avec plaisir que mes sujets fidèles et tranquilles attendent avec impatience que je leur procure enfin les avantages et les bienfaits dont leurs vertus les rendent si dignes ; et voulant accomplir mes intentions paternelles, d'accord avec mon auguste frère l'Infant Don Carlos et avec la Junte qu'il préside, et ayant égard à ce que vous m'aviez proposé précédemment, je veux que le Conseil d'Etat s'occupe immédiatement, suivant le but de son institution, d'examiner la forme et la manière dont il était composé autrefois, et en dernier lieu, pour me conseiller les moyens qu'il croira les plus propres pour remplir à l'avenir ses hautes fonctions (1); voulant pour cela qu'il soit divisé en sections auxiliaires au ministère, et qu'il me propose toutes les réformes qu'il jugera convenables au bien-être de la nation. Et afin de compléter ces sections qui devront être au nombre

____

(1) Ici le Roi Ferdinand ne remplit pas encore la promesse de partager la puissance législative avec les Cortès.

de sept, savoir : d'état, ecclésiastique, de législation, de finances, de guerre, de marine et d'industrie, vous me proposerez, outre les personnes
qui composent actuellement mon Conseil d'Etat,
d'autres qui soient connues par leurs lumières dans
les différentes parties de l'administration, qui méritent ma confiance et jouissent déjà de la considération publique.

J'ordonne en outre que vous fassiez connaître
à mon Conseil royal et autres tribunaux, qu'ils
doivent, suivant leurs attributions respectives,
me proposer, avec cette sainte liberté à laquelle
ils sont tenus, tout ce qu'ils jugeront convenable
au bonheur de mes peuples dans l'un et l'autre
hémisphère, et à l'éclat de ma couronne ; prenant
en considération les lois fondamentales de la monarchie et les changemens que le temps et les circonstances pourraient exiger au profit de l'Etat ;
afin que, donnant la sanction nécessaire aux mesures que l'on jugera utiles, elles deviennent un
rempart inébranlable contre toute idée subversive,
et qu'elles puissent procurer tous les avantages
que l'on doit attendre de la sagesse d'un gouvernement éclairé.

J'ordonne donc, non-seulement, comme il vient
d'être dit, que les tribunaux supérieurs proposent
ce qu'ils croiront utile ; mais aussi que les univer-
sités, les corporations et tout individu quelconque,
adressent librement et franchement leurs idées et
leurs propositions au Conseil d'Etat, afin que le

concours de toutes les lumières produise le bien
désiré. Et vous, qui m'avez si souvent donné des
preuves éclatantes de votre attachement pour ma
personne et de zèle pour l'intérêt général, vous
me soumettrez, par votre ministère, tout ce que
mon Conseil d'Etat jugera à propos.

Signé, MOI, LE ROI.

N.º 245. — ORDRE *royal pour la convocation
des Cortès, adressé au Conseil suprême de
Castille, en la personne du duc de l'Infantado,
président.*

Madrid, 6 mars 1820.

(Annuaire historique, 1820; p. 65.)

Son Excellence le marquis de Mataflorida, secrétaire d'état et ministre de la justice, a communiqué à Son Excellence le duc d'Infantado, président
du Conseil suprême de Castille, le décret royal qui
suit :

Excellence, le roi notre seigneur a daigné me
communiquer, en date du 6, le décret suivant :

« Mon Conseil royal et d'état m'ayant fait connaître combien la convocation des Cortès serait
convenable au bien de la monarchie ; en me conformant à son avis, parce qu'il est d'accord avec les
lois fondamentales que j'ai jurées, je veux qu'immédiatement les Cortès soient convoquées. A cette
fin, le conseil prendra les mesures les plus convenables pour que mon désir soit rempli, et que les

représentans légitimes(1)du peuple soient entendus et revêtus, conformément aux lois, des pouvoirs nécessaires. De cette manière, on conciliera tout ce que le bien général exige; ils doivent être convaincus qu'ils me trouveront prêt à tout ce que l'intérêt de l'Etat et le bonheur de mon peuple, qui m'a donné tant de preuves de sa loyauté, pourront exiger. Dans ce but, le Conseil me soumettra tous les doutes qui pourront se présenter. Afin qu'il n'y ait pas la moindre difficulté ni le moindre retard, je vous communique le présent ordre, pour que vous vous mettiez en mesure de l'exécuter. »

Je vous le fais savoir d'ordre exprès de S. M., pour que le Conseil s'y conforme, et que, sans le moindre retard, il dispose ce qui conviendra pour réaliser les bienfaisantes intentions de S. M.

Dieu vous garde de longues années.

Le ministre de grâce et justice,

Signé, Mis DE MATAFLORIDA.

N.° 246. — DÉCRET *royal portant acceptation de la Constitution des Cortès.*

Madrid, 7 mars 1820, publié le 8.

Pour éviter les délais qui pourraient avoir lieu, par suite des incertitudes qu'éprouverait au Conseil l'exécution de mon décret d'hier, portant convocation immédiate des Cortès, et la volonté

(1) Donc les courtisans n'avaient pas le droit de dire, que le roi seul était le *maître* et le dépositaire de la souveraineté.

générale du peuple s'étant prononcée, je me suis décidé à jurer la Constitution promulguée par les Cortès générales et extraordinaires, en l'an 1812.

Je vous le fais savoir, et vous vous hâterez de publier les présentes, paraphées de ma royale main.

N.° 247. — CONVOCATION *d'une Junte temporaire.*

Au palais de Madrid, 9 mars 1820.

(Moniteur du 20.)

Ayant résolu, par mon décret du 7 de ce mois, de jurer la Constitution publiée à Cadix, par les Cortès générales et extraordinaires, dans l'année 1812, j'ai arrêté de prêter provisoirement ce serment entre les mains d'une Junte temporaire, en attendant que les Cortès, dont j'ai ordonné la convocation soient assemblées.

Les individus désignés pour former cette Junte, sont :

Le révérendissime cardinal de Bourbon, archevêque de Tolède, président; le lieutenant-général D. Francisco Ballesteros, vice-président; le révérend évêque de Valladolid; D. Manuel Abady Queiro; D. Manuel Lardizabal; D. Mattéo Valdemoros; D. Vicente Sancho, colonel du génie; le comte de Taboada; D. Francisco Crespo de Téjada; D. Bernardo Tarrier; D. Ignacio Pezuella.

Toutes les mesures qui émaneront du gouvernement, jusqu'à l'installation constitutionnelle des

Cortès, seront, au préalable, consultées dans cette Junte et publiées d'accord avec elle.

N.° 248. — DÉCRET *qui ordonne l'élection des alcades et de toutes les autorités constitutionnelles.*

Palais de Madrid, 9 mars 1820.

(Moniteur du 22.)

Pour que le système constitutionnel, que j'ai adopté et juré, suive la marche rapide et uniforme qu'il doit avoir, j'ai résolu, après avoir entendu la Junte provisoire et me conformant à son avis, que dans toutes les villes de la monarchie il soit procédé sur-le-champ à l'élection des alcades et de toutes les autorités constitutionnelles, conformément aux règles établies par la Constitution politique, sanctionnée à Cadix, et aux décrets qui fixent la forme de ces élections et les mesures à prendre pour les effectuer.

Contresigné , GARCIA DE LA TORRE.

N.° 249. — DÉCRET *qui abolit le tribunal de l'inquisition* (1).

Même date.

Considérant que le tribunal de l'inquisition est incompatible avec la Constitution de la monarchie espagnole, promulguée à Cadix en 1812,

---

(1) Il a été rétabli le 14 juillet 1814, et par la régence de 1823.

et que, par cette raison, les Cortès l'ont supprimée par le décret du 22 février 1813. Après une mure et longue discussion, la Junte, formée par le décret de ce jour, ayant été entendue, et d'après son avis, j'ai ordonné que ce tribunal fût supprimé dans la monarchie, et par suite le conseil de la suprême inquisition, et qu'on remît sur-le-champ en liberté toutes les personnes qui se trouvent dans les prisons pour opinions politiques ou religieuses (1), remettant aux révérends évêques la connaissance de ces dernières causes dans leurs diocèses respectifs, afin qu'ils en informent et les décident, en se conformant exactement au susdit décret des Cortès extraordinaires.

N.° 250. — DÉCRET *portant nomination d'une Junte de censure.*

Palais de Madrid, 10 mars 1820.

(Moniteur du 22.)

Désirant voir promptement établir toutes les institutions qui dérivent de la Constitution politique que j'ai jurée, institutions qui doivent contribuer à consolider ses bases, j'ai jugé convenable, pour assurer leur plein et entier effet, quant aux dispositions prescrites par l'art. 371 de la Constitution, relatif à la liberté politique de la presse,

(1) La liberté de penser est un droit naturel et inviolable de l'homme.

que la Junte provisoire me donne son avis sur les mesures qu'elle jugera nécessaires relativement à l'exécution des réglemens publiés par les Cortès sur cette matière, et qu'elle me propose les sujets qui, par leurs lumières, leur patriotisme et leur amour de l'ordre, seront les plus capables de former la Junte de censure dont je désire que l'installation ait lieu sans délai.

N.º 251. — PROCLAMATION *du Roi à la Nation.*

Même date.

Espagnols ! quand vos efforts héroïques réussirent à mettre un terme à la captivité dans laquelle m'avait plongé la perfidie la plus inouïe, tout ce que je vis et entendis, en mettant le pied sur le sol de la patrie, se réunit pour me persuader que la nation désirait voir renaître son ancienne forme de gouvernement; cette persuasion sut me décider à me conformer à ce qui paraissait être le vœu presque général d'un peuple magnanime qui venait de triompher de l'ennemi extérieur, et craignait les maux encore plus funestes de la discorde intestine.

Il ne m'était cependant point échappé que le progrès rapide de la civilisation européenne et l'extension universelle des lumières, jusque dans les classes les moins élevées, la communication plus fréquente entre les différens pays du globe, les événemens étonnans réservés à la génération actuelle, avaient fait naître des idées et des désirs inconnus à nos ancêtres, d'où résulteraient de nouveaux et impérieux besoins.

Je reconnaissais également qu'il était nécessaire de modifier les institutions politiques d'après ces principes, afin d'obtenir cette harmonie entre les hommes et les lois, sur laquelle se fondent la stabilité et le repos des sociétés.

Mais tandis que je méditais mûrement et avec la sollicitude d'un cœur paternel, les changemens de notre régime fondamental qui paraissaient les plus compatibles avec le caractère national, et l'état actuel des diverses parties de la monarchie espagnole, et en même temps les plus analogues à l'organisation des nations éclairées, vous m'avez fait entendre vos vœux ardens pour le rétablissement de cette Constitution qui fut promulguée à Cadix, en l'année 1812, au milieu du tumulte des armes, à cette époque où vous faisiez l'admiration du monde en combattant pour la liberté de la patrie ; j'ai écouté ces vœux, et, comme un père tendre, je viens de condescendre à ce que mes enfans regardent comme devant assurer leur félicité. J'ai juré cette Constitution après laquelle vous soupiriez, et je serai toujours son plus ferme appui (1). Déjà j'ai pris les mesures convenables pour la prompte convocation des Cortès. Réuni à

______

(1) Voyez les transactions de 1823.

vos représentans , je jouirai de concourir avec eux au grand œuvre de la prospérité nationale.

Espagnols, votre gloire est la seule que mon cœur ambitionne ; tout ce que mon âme désire, c'est de vous voir autour de mon trône , unis , paisibles et heureux. Confiez-vous donc à votre roi, qui vous parle avec l'effusion sincère que lui inspirent les circonstances dans lesquelles vous vous trouvez et le sentiment intime des devoirs élevés que la Providence lui a imposés. Votre sort désormais dépendra en grande partie de vous-mêmes. Gardez-vous de vous laisser séduire par les trompeuses apparences d'un bien idéal , qui souvent empêchent d'atteindre un bien réel. Évitez l'exaltation des passions qui transforme en ennemis , ceux qui doivent toujours être frères et rester unis de sentimens comme ils le sont de religion , de langage et de mœurs. Repoussez les insinuations perfides et les feintes caresses de vos envieux. Marchons franchement , et moi le premier de tous, dans la voie constitutionnelle , en montrant à l'Europe un modèle de sagesse , d'ordre et de parfaite modération dans une crise qui, dans d'autres nations , a été accompagnée de larmes et de malheurs , faisons admirer et révérer le nom Espagnol , en même temps que nous fonderons pour des siècles notre bonheur et notre gloire.

Signé , FERDINAND.

N.° 252. — PROCLAMATION *de l'Infant Don Carlos à l'armée nationale, au sujet du rétablissement de la Constitution.*

Madrid, 14 mars 1820.

(Moniteur du 26.)

Soldats ! l'acte solennel par lequel vous avez, à la vue de vos drapeaux, déclaré la plus ferme adhésion à la Constitution politique de la monar-chie, vous a imposé de grandes obligations, en même temps qu'elle vous a ouvert une brillante carrière où vous acquerrez une gloire immor-telle.

La valeur et la constance, qui dans tous les temps furent la noble devise du guerrier espagnol, me sont de sûrs garans de l'inviolable fidélité avec laquelle vous remplirez vos promesses. Et moi, qui me glorifie de la confiance qu'a daigné m'ac-corder le roi en me confiant l'honorable soin de vous commander ; fidèle au serment solennel que j'ai prêté en ce jour entre ses mains royales, je marcherai et vous guiderai constamment dans le sentier que nous tracent à la fois l'honneur et le devoir.

Aimer et défendre la patrie ; soutenir avec une loyauté inaltérable le trône et la personne sacrée du monarque sur qui reposent la liberté civile et la grandeur nationale ; respecter les lois ; mainte-nir l'ordre public ; nous prêter à tous les sacrifices que peut exiger le bien commun ; nous unir d'af-

III.   4

fection et de sentiment aux autres Espagnols, et concourir avec eux à l'établissement et à la consolidation du système constitutionnel ; garder une exacte discipline et la subordination si nécessaires aux troupes. Voilà, soldats, quelles sont nos obligations sacrées ; voilà ce qui nous rendra dignes de l'amour de nos concitoyens pendant la paix, et terribles à l'ennemi dans les combats ; voilà enfin ce que le roi espère de vous et de moi, qui, comme votre premier compagnon d'armes, vous promets de vous donner l'exemple.

C'est ainsi que le trône auguste des Alphonse et des Ferdinand fera briller cette nation héroïque d'une splendeur inconnue dans les siècles les plus glorieux de la monarchie. Ferdinand VII, notre roi magnanime, fondateur de la liberté de l'Espagne, père de la patrie, sera le plus heureux comme le plus puissant des rois, puisqu'il fonde son autorité suprême sur la base indestructible de l'amour et de la vénération de ses peuples.

Militaires de toutes les classes ! qu'il n'y ait plus qu'une voix parmi les Espagnols, comme il n'existe entre eux qu'un seul sentiment, et que dans tous les dangers, dans toutes les occasions, ce cri généreux nous réunisse autour du trône : Vive le Roi ! vive la Nation ! vive la Constitution ! ! !

Signé, CARLOS.

N.° 253. — Décret *par lequel le roi ordonne le rétablissement provisoire de tous les tribunaux constitutionnels exerçant le pouvoir judiciaire.*

14 mars 1820.

(Moniteur du 28).

N.° 254. — Décret *qui ordonne que le serment à la Constitution soit prêté par tous les habitans du royaume, de la même manière qu'en 1812.*

16 mars.

(Moniteur du 28).

N.° 255. — Proclamation *de la Junte provisoire à la nation.*

Madrid, palais de la Junte, 19 mars 1820.

(Moniteur du 1.er avril).

Citoyens, la Junte provisoire, depuis le moment de son installation, a suivi, sans s'en écarter, la marche que lui prescrivaient la confiance du peuple et l'attachement invariable de tous ses membres à la charte constitutionnelle, dans laquelle sont consignés, d'une manière à jamais inviolable, les droits de l'héroïque nation espagnole et ceux du glorieux trône constitutionnel, qui doit s'élever au plus haut degré de splendeur. Aussi ennemie des sentiers tortueux de

4.

l'adulation et de l'intérêt qu'éloignée de la faiblesse, elle n'a point donné d'avis dans lequel on pût voir la violation d'aucun des droits du peuple, ni de ceux de son bien-aimé monarque, et elle suivra pendant toute la durée de son existence le même système avec l'inaltérable sérénité que donne à l'homme juste le témoignage de sa conscience et le jugement des hommes. Elle a vu avec plaisir le système constitutionnel s'établir provisoirement en peu de jours, au sein de la capitale, dans toutes les branches du pouvoir judiciaire et administratif. Le même changement se prépare par toute l'Espagne, où, par suite des nombreux décrets rendus par le roi, sur l'avis de la Junte, doit aussi s'établir le même ordre constitutionnel dans les mêmes branches du pouvoir. Après avoir institué la liberté politique de la presse, aboli le tribunal de l'inquisition, rétabli le crédit public dans ses bases en le séparant de la trésorerie générale et en réinstallant les directeurs nommés par les Cortès, demandé le rétablissement du Conseil d'Etat, rappelé les membres estimables de ce Conseil qui se trouvaient absens, provoqué l'organisation d'une chambre suprême des comptes, et reconnu la nécessité de nommer à toutes les charges des hommes vertueux et sincèrement attachés à notre charte. Après avoir achevé beaucoup d'autres travaux d'une grande importance et résolu enfin, autant que le permet la prudence humaine, toutes les difficultés qui se sont présentées, pour effectuer sans trouble le passage rapide et difficile du système constitutionnel; son attention a été exclusivement commandée par la tâche épineuse et effrayante de préparer la prochaine convocation des Cortès qui doivent servir d'égide à la liberté et imposer un silence éternel aux passions et aux opinions divergentes.

Mais, citoyens, que de questions ardues et difficiles se sont présentées à la Junte dans cette importante matière si délicate, pour que le système constitutionnel n'en souffrît aucune altération, si compliquée à cause des rouages à l'aide desquels elle devait se mouvoir. La Junte a cru devoir s'imposer le pénible soin d'examiner ces grandes questions jusqu'au moment où de sages publicistes pourraient l'éclairer, et épuisant le flambeau de ses faibles lumières elle a conseillé au roi, sur chacun des points difficiles, ce que lui a dicté son amour décidé pour notre charte sacrée et sa propre conscience, pour qu'en tout on suivît l'esprit de cette précieuse loi, puisqu'à quelques égards il était absolument impossible d'en suivre la lettre. Ces travaux qui devront être regardés non comme les hautes productions de la sagesse, mais comme le fruit de l'attachement le plus vif à la Constitution, du désir le plus sincère du succès et des inspirations d'une conscience pure et dépouillée de toutes vues personnelles, ont été présentés au ministère pour être

soumis à l'examen de S. M., et la Junte a la satisfaction de vous annoncer que dans ce moment
elle vient d'apprendre officiellement l'approbation
du roi et son autorisation pour qu'elle s'occupe
sans délai de publier l'ordonnance de convocation, qui, répandue dans toute la nation y ver-
sera partout le baume de la confiance, et lui
ouvrira la route de prospérité et de gloire dans
laquelle elle est appelée à marcher.

Alors, chers concitoyens, la Junte fera connaître à la nation, avec la franchise et la loyauté
qui caractérisent ceux qui la composent, les fondemens sur lesquels s'appuient ses décisions, et
les dures alternatives dans lesquelles elle s'est
trouvée pour choisir ce qui présentait le moins
d'inconvéniens.

Mais en même temps, pleine de confiance dans
votre amour pour l'ordre, dans votre attachement pour notre charte sacrée et dans ces vertus
singulières qui vous distinguent de tous les peuples, elle se croit obligée dans ce grand jour an-
niversaire de la Constitution, et où doit être
publié ce précieux acte, expression de la volonté
générale, de vous avertir que l'impatience que
traînent avec eux les grands succès, quand elle
demeure prudente et sensée, est le meilleur in-
dice de la fermeté des résolutions générales et
de la solidité des principes; tandis que poussée à
l'extrême et agitée par des esprits peu réfléchis,
elle devient une arme puissante dont la malveillance

astucieuse peut se prévaloir pour désunir l'opinion, en excitant des craintes et des défiances qui, dans tous les changemens politiques, sont des sources de calamité, parce qu'elles tiennent dans une fluctuation continuelle l'opinion publique dont les oscillations fatiguent les hommes de bien et leur font abandonner le timon des affaires avec un dommage irréparable pour la patrie.

L'établissement d'un nouveau système sur les ruines d'un système qui s'écroule, est l'opération la plus grande, la plus difficile et la plus pénible que connaissent les hommes; en elle brillent toutes les ressources de l'intelligence et de la sagesse humaines; en elle s'exercent et s'élèvent à leur plus haut point toutes les vertus sociales. L'histoire de toutes les révolutions et l'expérience de la révolution française doivent vous rendre prudens et modérer votre impatience; car elles vous diront avec horreur que toute révolution que la précipitation ou l'imprudence a voulu faire dans un seul jour a entraîné après elle des siècles de regrets, et qu'au contraire, la marche tranquille et soutenue de nouvelles institutions, consolide au lieu de renverser. Chacun de ces deux résultats peut se comparer, le premier à l'inondation orageuse et violente, d'un torrent dévastateur; l'autre à la crue majestueuse et bienfaisante du Nil qui féconde tout sans rien détruire.

Concitoyens, continuons notre noble marche avec l'ordre et la tranquillité qui ont régné jusqu'aujourd'hui, pour nous rendre l'objet de l'admiration de l'Europe, et lui montrer de la manière la plus éclatante combien nous sommes dignes de la liberté.

Signé : Louis de Bourbon, *cardinal, archevêque de Tolède, président* ; P. Ballesteros, *vice-président* ; Manuel de Lardizabal ; Manuel Abad, *évêque de Méchoacan* ; Matteo Valdemoros, comte de Taboada ; Bernardo de Borjasy ; Barrices ; F. Crespo de Tejada ; Ignacio de la Pezuela ; V. Sancho, *secrétaires*.

N.º 256. — Extrait *du Manifeste de la Junte provisoire à la Nation.*

Madrid, 24 mars 1820.

(Moniteur du 7 avril.)

Espagnols ! il s'agit de réorganiser le gouvernement, non sur de nouvelles bases, mais sur les fondemens que posèrent les Cortès en sanctionnant la Constitution ; il s'agit de rétablir, ainsi qu'elle le veut, les fonctions annuelles de la représentation nationale, comme si elles n'avaient jamais été suspendues par la fatale influence des hommes, qui ne voulurent ou ne surent pas voir combien la présence de ces amis zélés de la prospérité publique, importait au bonheur de la patrie et du roi. Il s'agit enfin de rattacher les liens de cette monarchie, rompus de toutes parts ; de ramener le souffle de la vie à la nation prête à expirer ; de rétablir, en les replaçant mieux ou en les renou-

velant, les rouages usés de la grande machine politique; de veiller à l'honneur et au sort des héros
qui, non contens de la gloire d'avoir vaincu les
ennemis formidables qui avaient osé nous insul-
ter, ont ajouté à leurs titres d'honneur celui de
rendre à leur pays la liberté civile; d'accueillir la
misère, l'abandon, le cri de douleur des peuples
opprimés et ruinés par l'effet de faux calculs éco-
nomiques; de subvenir à la pénurie du trésor public, épuisé malgré d'énormes contributions; de
relever la marine anéantie; de secourir l'artisan
oisif, tandis que sa triste famille implore en gémis-
sant le pain amer de la pitié; le soldat mutilé qui,
à la honte de ses concitoyens, leur tend sa main
décharnée, et montre les glorieuses blessures qu'il
a reçues en défendant leurs familles, leurs foyers
et leurs richesses; le laboureur enfin, qui, suc-
combant de fatigues et de sueur, conserve à peine,
de l'immense récolte qui lui a coûté tant de peines
et de travail, la faible portion que la nature réclame pour son existence, ou, faute de communication avec les membres du corps social, périt
de faim entouré de riches moissons. Tels sont les
grands et divers objets qui doivent occuper les
prochaines Cortès, tel est l'affligeant tableau des
maux de la nation, tel est le vaste champ qui
reste à parcourir pour y porter remède.

La Junte démontre ainsi que les Cortès doivent
être ordinaires; elle discute ensuite les questions
de savoir si celles qui se trouvaient réunis en 1814,

doivent être rassemblées, et s'il est nécessaire de procéder à de nouvelles élections ; et, après avoir résolu cette dernière question par l'affirmative, elle examine à qui il appartient de convoquer ces élections.

Il appartient au roi seul, comme chef suprême de la nation, de convoquer les prochaines Cortès, et cet acte est d'autant plus convenable de sa part, qu'il appelle à lui les députés comme les meilleures preuves du désir qu'il a de voir rétablir la Constitution qu'il a jurée spontanément ; ils l'entourent comme de fidèles conseillers, comme d'habiles pilotes qui l'aident à tenir le gouvernail, de manière à sauver le vaisseau de l'État de nouveaux naufrages.

L'état actuel des choses, la situation déplorable de la monarchie, et le vif désir que le roi et la nation ont de voir les Cortès réunies, ne permettent pas que l'on observe scrupuleusement les intervalles qu'exige la Constitution pour assembler les Juntes électorales de paroisses, d'arrondissemens et de provinces ; car un mois devant s'écouler entre la réunion des premières et des secondes, un autre mois entre les secondes et les troisièmes, et trois mois à compter de ces dernières jusqu'à l'ouverture des Cortès ; les députés ne pourraient se réunir qu'en octobre. D'après ces considérations, la Junte, impatiente de les voir assemblées, et désirant en même temps se conformer, autant que possible, au Code fondamental, a proposé, et S. M.

a approuvé, qu'après avoir pourvu à ce que les élections se fassent dans le plus bref délai aux îles Baléares et aux Canaries, les Juntes électorales soient convoquées dans la Péninsule pour le dimanche 30 avril prochain, celles d'arrondissemens pour le 7 mai suivant, et celles de provinces pour le 21 du même mois, afin qu'en donnant aux députés un mois de temps pour se rendre dans cette capitale, les Cortès puissent être constituées le 6 juillet.

Mais toutes ces difficultés une fois vaincues, il en restait une très-grande pour l'installation de l'assemblée. La Constitution, dans les art. 111 à 118, attribue à la députation permanente la présidence des Juntes préparatoires, et le soin de recueillir les noms des députés et leurs provinces, à l'effet de procéder à la nomination du président, des secrétaires et des scrutateurs; mais la députation n'existant pas, comment suppléer en son absence pour ces actes, sans lesquels l'assemblée ne peut être légalement constituée?

La Junte a pensé, après un mûr examen, que la mesure la plus convenable, la plus conforme à ce que prescrit la Constitution, et la plus éloignée de toute intervention étrangère dans les Cortès, intervention qui serait contraire à la division des pouvoirs, serait que tous les représentans, réunis, le 26 juin, en une première Junte préparatoire, nommassent dans leur sein, à la pluralité des voix, et pour ce seul objet, le président, les secrétaires et les scrutateurs, dont parle la Constitution à l'article 112 ; et ensuite les deux commissions de cinq et de trois membres, dont l'article 113 ordonne la formation pour examiner les pouvoirs, en se conformant, dans la seconde Junte du 1.er juillet et dans toutes celles qui seraient nécessaires jusqu'au 6 du même mois, à tout ce qu'indiquent les articles 114, 115 et 117, en procédant ensuite à l'élection du président, du vice-président et des secrétaires ; au moyen de cette opération, les personnes nommées pour suppléer à la députation permanente, cesseront leurs fonctions ; les Cortès se trouveront constituées, et ouvriront leur session le 9, second dimanche du mois.

Il restait toutefois à résoudre la question de donner une représentation légitime, dans les Cortès, à nos frères d'outre-mer. Unis par les liens sacrés de la religion et des lois communes ; habitués à partager en tout temps la prospérité et le malheur ; descendant du même sang, nous formons tous la grande famille espagnole, et ni l'immensité des mers, ni les vicissitudes de la fortune, ni les dissensions domestiques auxquelles la patrie nous ordonne aujourd'hui de mettre un terme, ni les offenses même, si l'on pouvait s'en souvenir entre frères, ne suffiraient pas pour rompre les tendres nœuds qu'ont formés entre nous la nature et la destinée ; ainsi, malgré les événemens déplorables des six dernières années sur lesquelles nous avons gémi sans pouvoir faire entendre notre voix fraternelle, le territoire espagnol renferme les mêmes provinces qui sont désignées dans l'article 10 de la Constitution. Ce n'était donc pas là la difficulté qui se présentait à la Junte ; mais la distance énorme à laquelle se trouvent de nous nos frères d'outre-mer, les incertitudes de la mer, et la vaste étendue de tant et de si riches provinces, ajoutées à la nécessité de la réunion des Cortès réclamée par les maux de l'Etat, ne permettent pas d'espérer que leurs représentans puissent arriver à temps : cependant il ne serait nullement légitime, juste ni convenable, que nous les privassions, même momentanément, du vote qui leur appartient dans toutes les délibérations qui intéressent le bien de la monarchie, aujourd'hui surtout qu'est arrivé le temps de la réconciliation, le temps où nous pardonnons nos erreurs. Oubliant nos offenses, nous voulons tous nous réunir sous un gouvernement sage : le temps où le cri de la liberté, traversant l'espace immense des mers qui divisent les deux Mondes, retentit comme leurs vagues sur les plages du nouveau, et revient faire entendre sur nos rivages les mots de paix, de concorde et de liberté !

Dans cet état de choses, la Junte n'a rien vu de plus prudent ni de moins opposé au système constitutionnel des élections, que d'adopter le moyen suivi par le conseil de régence pour la réunion des Cortès générales et extraordinaires en 1810, c'est-à-dire de nommer des suppléans pour les provinces d'outre-mer, en attendant que les députés de

(62)

ces mêmes provinces, élus constitutionnellement,
puissent se présenter, conformément à l'instruction
qui a été rédigée par la Junte, d'après celle que
les Cortès de Cadix avaient faite pour les élections des députés dans l'année 1813.

Prenant donc pour base ledit décret du Conseil
de la régence, la Junte a délibéré sur le nombre
des suppléans, et a résolu qu'il y en aurait trente
comme alors. Mais considérant que les citoyens
de ces provinces, qui se trouvent dans la Péninsule, doivent jouir du droit de concourir par leurs
votes, et d'être élus comme s'ils se trouvaient dans
ces provinces; et qu'il ne serait cependant pas
possible de les réunir tous sur un même point,
pour procéder à leur élection. La Junte a décidé,
pour concilier ces difficultés, que ceux d'entre eux
qui résident à Madrid se réuniraient sous la présidence du chef supérieur politique, et que ceux
qui se trouvent dans les autres parties du royaume
adresseraient par écrit leurs votes à ce même chef
politique, de sorte que ces votes réunis à ceux de
cette capitale, on puisse procéder au scrutin. Ceux
qui obtiendront la majorité, seront nommés députés. Ce moyen, vu l'impossibilité absolue de
réunir à temps les députés titulaires, étant conforme au texte littéral de la Constitution, est celui qui, en s'approchant le plus de ces élections
populaires, s'accorde pourtant le mieux, dans des
cas extraordinaires, à l'essence du système législatif par délégués, et est le moins en opposition

avec les idées reçues, en ce qu'il a déjà été pratiqué avec l'assentiment général et avec un heureux résultat pour la cause publique.

Après avoir trouvé ce moyen, dans les circonstances actuelles, et l'avoir admis comme valable et légitime pour donner une représentation, dans le congrès, à la partie des Espagnes qui ne peut l'élire immédiatement, et obtenir ce résultat avec la promptitude qu'exige la position des choses, il ne restait plus qu'à déterminer par qui et dans quelle forme les pouvoirs devaient être accordés aux députés suppléans ; car les électeurs ne se réunissant pas en Junte de paroisses, d'arrondissemens et de provinces, et par conséquent ne déléguaut pas à un nombre déterminé de personnes le droit d'élire et d'accorder le pouvoir, suivant la lettre de la Constitution, il était indispensable de donner cette faculté à une personne ou à une corporation. Elle ne devait pas être confiée à une personne, quels que fussent son titre et sa dignité, parce que c'eût été contraire à toutes les bases du gouvernement représentatif, et autant vaudrait nommer cette personne représentant universel ; et puisqu'elle devait l'être à une corporation, aucune n'était plus légitime, plus convenable, ni moins éloignée de l'intérêt de la Constitution, que la Junte électorale, réunie à Madrid sous la présidence, sans vote, du chef politique. Suivant ces bases, nous avons décidé, qu'après avoir examiné tous les votes et les pièces justificatives, adressés par écrit, des provinces de la Péninsule, et avoir recueilli les suffrages des électeurs résidant dans la capitale, on procéderait à la nomination des députés qui auraient été élus, lesquels recevraient ensuite leurs pouvoirs de ces mêmes électeurs, conformément à l'art. 99 de la Constitution, et aux termes précis de la formule contenue dans le 100me.

A défaut de la députation permanente, auprès de laquelle, suivant l'art. 3 de la Constitution, doivent se présenter les députés, à leur arrivée dans la capitale, afin de faire inscrire leurs noms et celui de la province qui les a élus sur un registre dans le secrétariat des Cortès, il est devenu indispensable de charger de ce soin, dans les circonstances actuelles, le ministre du département auquel ils appartiennent; et, avec l'intention où l'on était de ne point omettre cette circonstance, afin d'avoir une connaissance positive du nombre des représentans qui arrivent, et de pouvoir écarter les obstacles qui pourraient s'opposer à la présentation de quelques-uns d'entre eux, l'on n'a trouvé, à défaut de l'autorité constitutionnelle compétente, rien de plus analogue, ni qui garantisse mieux l'exactitude, la légalité et la conservation de ces titres.

Du moment qu'il a été décidé que les Cortès ordinaires ont terminé le temps de leur députation, et ont donné lieu à deux nouvelles représentations, il n'y a pas le moindre doute que les individus qui les composaient ont accompli le terme indiqué par la loi, pour pouvoir être réélus de la même manière que ceux des Cortès générales et extraordinaires : raison de plus qu'a eue la Junte pour se déterminer pour de nouvelles élections. Car, si la nation nomme les mêmes personnes, il sera démontré qu'il n'y en a pas de plus dignes qu'elles dans l'opinion publique, et si elle leur retire ses suffrages, ce sera une preuve évidente qu'elles ne jouissent plus de sa confiance, et que le temps, la réflexion et les circonstances postérieures lui ont fait découvrir des hommes qui la méritent davantage. Dans le premier cas, il n'en sera résulté aucun tort, ni pour l'intérêt national, ni pour l'honneur de quelques individus ; dans le second, on ne pourra que rendre hommage à la prudence qu'il y aura eue à consulter la volonté actuelle des citoyens et à éviter de soumettre la discussion des lois à des députés qui ne seraient plus regardés comme les plus dignes de remplir une mission aussi honorable.

Telles étaient, dans l'opinion de la Junte, les questions les plus importantes à discuter ; il fallait les examiner mûrement sous tous leurs aspects, et chercher à concilier, dans leur solution, la légitimité des moyens, avec l'urgence des circonstances et avec la loi fondamentale que nous venons de proclamer une seconde fois à la face du monde, non plus dans les jours désastreux d'invasion et de ruine, non plus en l'absence de notre monarque adoré et captif, mais dans le sein de

III.   5

la paix, au milieu de nos guerriers citoyens, et voyant à notre tête ce roi chéri, qui sacrifie au bonheur de ses peuples les séductions de la flatterie et de l'ambition, les attraits du pouvoir absolu, pour lesquels des princes moins vertueux, des monarques moins dignes d'amour, ont ensanglanté tant de fois la terre.

(Après être entrée dans tous ces développemens, la Junte termine ainsi son manifeste.)

Citoyens, la parole sacrée de votre roi est accomplie : déjà vous avez reçu la preuve la plus irréfragable de sa volonté libre et spontanée de vous gouverner constitutionnellement ; déjà vous l'avez vu se précipiter dans vos bras, comme un père dans ceux de ses enfans. Les tyrans redoutent la lumière et tremblent de voir leurs esclaves réunis : Ferdinand-le-Grand aime la publicité, et convoque ses sujets, non pour les conduire dans de lointains climats cueillir des lauriers sanglans, non pour les accabler de nouveaux tributs, mais pour travailler avec eux à la noble tâche de faire remonter la nation espagnole à sa splendeur première et à son antique gloire.

Espagnols, vous avez des Cortès; des Cortès, boulevard inexpugnable de la liberté civile, garantie de la Constitution et de votre gloire ! Vous avez des Cortès, vous êtes des hommes libres ! l'odieux génie de la tyrannie fuit épouvanté de notre heureuse patrie et va porter ses chaînes sanglantes dans des pays moins fortunés. Hâtez-vous de vous réunir à vos frères, et d'élire vos députés ; mais souvenez-vous que votre bonheur dépendra de vous - mêmes : fermez l'oreille aux perfides suggestions des ennemis du roi et du système constitutionnel ; ils voudraient lui arracher sa gloire, et à nous la félicité dont la douce aurore commence à luire sur l'horizon espagnol. Que ni les insinuations de l'autorité, ni la voix des affections particulières, ni l'hypocrisie masquée du voile saint de la religion, ni le désir de parvenir à de grandes places, ni l'or corrupteur ne vous éloignent du sentier du bien. Là où vous découvrirez le mérite modeste, la vertu indulgente, le savoir sans orgueil, la probité dans les actions, et non-seulement dans les paroles, un attachement bien pur à la patrie, à la Constitution et au roi, quelles que soient sa naissance et sa position, c'est là que vous trouverez un homme digne d'être député. Si vos Cortès sont formées de tels hommes, jouissez d'avance du bonheur de votre pays. La Junte vous le répète, votre sort futur dépend de vous : hâtez-vous de l'accomplir, et qu'il luise bientôt pour vous le jour où, réunis autour de votre roi, vos représentans mettront le comble à la gloire et au bonheur des deux Espagnes. Alors nous aurons accompli la mission délicate que vous nous aviez confiée, et, après avoir remis la nation entre leurs mains, nous retournerons en paix dans nos foyers. Heureux, mille fois heureux, si nous avons réussi à servir la patrie, et si la voix reconnaissante de nos concitoyens nous accompagne dans notre retraite.

Signé, LOUIS DE BOURBON, *Cardinal de la Scala*, etc.

————————

N.º 257. — ADRESSE *présentée au roi par cinq maréchaux-de-camp nouvellement nommés.*

Quartier général de San Fernando, 10 avril 1820.

(Moniteur du 6 mai).

Sire, c'est avec la plus vive effusion de cœur que nous avons reçu les ordres transmis par votre ministre de la guerre, afin de nous instruire que V. M. avait daigné nous nommer maréchaux-de-camp des armées nationales. Sire, notre reconnaissance est bien sincère, et nous ne pouvons en donner une preuve plus convaincante, qu'en déposant au pied du trône ces mêmes emplois dont V. M. nous a jugés dignes ; ce n'est ni l'ambition des grades, ni le désir de troubles criminels qui nous ont mis les armes à la main. Le patriotisme le plus pur, les vœux les plus désintéressés, l'espérance de voir V. M., heureuse et tranquille, assurer le bonheur de sa patrie sous un gouvernement paternel dont l'avaient éloignée des conseillers perfides, en lui peignant toujours le mal avec les couleurs du bien : voilà le but de toutes nos actions. Peut-être la concession que nous a faite V. M., lorsqu'elle daigna nous honorer de ces grades, nous exposera aux soupçons injurieux de nos concitoyens ; ils pourront nous accuser de vues ambitieuses qui n'ont jamais existé dans notre âme, et qui réveilleraient des rivalités funestes.

Cette considération, et la crainte que notre avancement ne soit d'un mauvais exemple pour d'autres, nous engagent à vous représenter que si vous ne jugez pas indispensable au bien de l'Etat la conservation de nos titres et grades, ils soient tenus comme nuls, en admettant la renonciation que nous en faisons aux pieds de V. M.

Soyez assuré que ce n'est pas un orgueil mal fondé qui nous dicte cette démarche; croyez plutôt qu'elle est le résultat de notre désir pour le bien. Nous souhaitons avec ardeur que V. M. travaille constitutionnellement à la félicité de la nation, pour le bonheur et la gloire de laquelle nous prions Dieu qu'il vous accorde de longues années.

Signés : MIGUEL LOPEZ de BANOS, DEMETRIO O'DALY, ANTONIO QUIROGA, FELIPE ARCO-AGUERO, RAFAEL de RIEGO.

N.º 258. — ADRESSE *de l'armée de l'île de Léon au roi.*

San-Fernando, 10 avril 1820.

(Moniteur du 8 mai).

Sire, l'armée nationale qui a été la première à se déclarer pour la Constitution que vous avez heureusement jurée, s'approche de nouveau de votre auguste trône, à dessein de vous offrir l'expression de sa reconnaissance et de son respectueux amour. En confirmant ses chefs dans les grades de généraux que leur avait accordés la Junte de Saint-Ferdinand, et en ratifiant les nominations que d'autres personnes avaient obtenues de la même Junte, V. M. vient de donner un témoignage authentique de sa gratitude pour les services rendus par cette armée à la patrie et à vous-même.

La perfidie qui cherchait encore à nous calomnier, sera réduite au silence en apprenant votre décision royale ; le monde entier, plein d'admiration pour votre générosité, vous signalera parmi le petit nombre de souverains qui savent distinguer leurs véritables amis de leurs flatteurs.

L'armée que V. M. honore avec tant d'éclat, justement enorgueillie de votre confiance, célébrera, Sire, cette preuve manifeste de votre estime, et comme il est de son devoir de vous remercier solennellement, elle a chargé à cet effet le chef d'état-major D. Philippe de Arco Aguero, d'exprimer à V. M., au nom de tous ses compagnons d'armes, les sentimens de leur amour et de leur dévouement sincère à votre auguste personne. Nous avons la conviction intime que V. M. daignera les agréer et qu'elle comptera sur cette armée comme sur des troupes toujours prêtes à défendre la cause de la patrie, de la Constitution et du roi qui a promis de nous gouverner d'après ce pacte précieux et de faire notre bonheur.

Dieu vous accorde de longues années.

Signé : MIGUEL LOPES de BANOS , DEMETRIO O'DALY, ANTONIO QUIROGA, RAFAEL de RIEGO.

N.º 259. — DÉCRET *qui abolit les priviléges de province, et ordonne que les juridictions seigneuriales soient incorporées à la nation.*

Au palais de Madrid, 13 avril 1820.

(Moniteur du 1.ᵉʳ mai.)

Le roi a su que les provinces du royaume et tous les lieux soumis à des juridictions seigneuriales avaient reçu avec transport les décrets des Cortès générales et extraordinaires qui prescrivaient l'incorporation à la couronne des susdites juridictions et l'abolition de tous les priviléges exclusifs, et indiquaient à cet effet les règles convenables à suivre.

S. M., voulant contribuer par tous les moyens possibles, à la félicité de ses peuples, qui s'en sont rendus si dignes par leur héroïsme et leur vertu, et désirant également applanir tous les obstacles qui pourraient s'opposer à la pleine exécution du système constitutionnel ;

Ordonne, avec l'approbation de la Junte provisoire, que les juridictions seigneuriales soient définitivement incorporées à la nation, et tous les privilèges abolis, conformément aux décrets ci-dessus mentionnés, des 5 août 1811 et 19 juillet 1813, etc.

Signé de la main du Roi.

———

N.° 260. — Proclamation *du roi d'Espagne aux Espagnols d'outre-mer.*

Madrid, 17 avril 1820.

(Moniteur du 29 mai.)

Espagnols d'Amérique, lorsqu'en 1814 je vous annonçai mon arrivée dans la capitale de l'Empire Espagnol, la fatalité voulut qu'on rétablît des institutions que l'antiquité et l'habitude avaient fait regarder comme supérieures à d'autres qui, étant plus anciennes encore, furent méconnues et qualifiées de préjudiciables, parce que c'était sous des formes défectueuses qu'on les avait renouvelées. Une triste expérience de 6 années, pendant lesquelles les malheurs et les calamités se sont accumulés, par suite des moyens mêmes par lesquels on voulait faire naître le bonheur, le cri général des peuples dans les deux hémisphères et leurs démonstrations énergiques me convainquirent enfin qu'il fallait rétrograder sur le chemin que l'imprudence avait fait choisir; car, voyant que le vœu unanime de la nation, mue par le sentiment naturel qui la distingue, était de s'élever sur la scène du monde, à la hauteur où elle doit se tenir pour être au niveau des autres nations, j'ai adhéré à ses sentimens en m'identifiant sincèrement et cordialement à ses plus chers désirs , qui sont d'adopter , de reconnaître , et de jurer, comme je l'ai fait spontanément , la Constitution faite à Cadix par les Cortès générales et extraordinaires , et promulguée dans ladite ville, le 19 mars 1812. Rien , dans cet événement mémorable , ne peut diminuer ma satisfaction , si ce n'est le regret de l'avoir retardé : la joie universelle par laquelle on le célèbre affaiblira ce triste souvenir, et la magnanimité du peuple , qui sait que des erreurs ne sont pas des crimes , oubliera promptement les causes de tous les maux passés.

Les Espagnes présentent aujourd'hui à l'Europe un spectacle admirable , dû uniquement à leur système constitutionnel qui fixe les devoirs réciproques de la nation et du trône. L'Etat, qui avait commencé à vaciller , s'est affermi sur les bases solides de la liberté et du crédit public. Les nouvelles institutions prendront de la consistance en donnant des résultats favorables et permanens : l'instabilité dans les mesures ne renaîtra plus ; ainsi, l'opinion publique ne sera plus aliénée ; l'esprit ne sera plus porté aux innovations , et la science de la politique et ses combinaisons avec des forces de terre et de mer que la nation décrètera , et que l'art saura mettre en mouvement quand les circonstances l'exigeront , assureront à tous le respect et la considération qui s'étaient perdus.

Un nouvel éclat brille sur le vaste horizon de l'hémisphère espagnol. A la vue de cette nouvelle lumière , tout Espagnol sentira son cœur enflammé de l'amour sacré de la patrie : je me félicite d'être le premier à éprouver cette douce et généreuse émotion ; je me félicite également de vous l'annoncer , en vous exhortant en même temps à vous empresser de jouir de ce bien immense , d'accueillir et de jurer cette Constitution qui a été faite par vous et pour votre félicité. Aucun sacrifice , je vous l'assure ne me coûte , depuis que je me suis convaincu que cette loi fondamentale fera votre destin ; et quand le sacrifice aurait été des plus grands , je m'y serais résolu également , étant persuadé que l'honneur de la majesté royale n'est point compromis dans tout ce qui se fait pour le bien public.

Américains, vous qui marchez hors du sentier du bien , vous venez d'obtenir ce que depuis si long-temps vous cherchez avec des fatigues innombrables, avec des peines sans fin, par des guerres sanglantes, suivies d'une désolation générale et d'une extermination horrible , votre excès irréfléchi ne vous a valu que des larmes de douleur, des illusions trompées, de l'amertume, des troubles, l'acharnement des partis, des famines , des incendies, des dévastations et des horreurs inouïes : il suffit d'indiquer vos malheurs pour épouvanter les générations futures : or, qu'espérez-vous ? Ecoutez la tendre voix de votre roi et père : que cet état de trouble qui vous agite, cesse avec les circonstances qui l'ont produit, en faisant place à des sentimens doux et affectueux ! Que la vengeance ne soit plus regardée par vous comme une vertu, ni la haine comme une obligation : les deux hémisphères, faits pour s'estimer, n'ont besoin que de s'entendre pour être toujours amis inséparables et pour se protéger mutuellement au lieu de chercher les occasions de se nuire.

Ils ne sauraient être ennemis, ceux qui sont réellement frères ; ceux qui parlent une même langue, professent la même religion, sont régis par les mêmes lois, ont les mêmes coutumes, et surtout qui possèdent les mêmes vertus, savoir, les vertus qui naissent de la valeur, de la générosité et de l'élévation des grandes âmes.

Que les relations avec la métropole, établies par nos ancêtres, fils favoris de la victoire, pendant trois siècles de travaux et de sacrifices, se rétablissent ; qu'il en soit créé de nouvelles, réclamées par les lumières du siècle et par le caractère du gouvernement représentatif ; qu'on dépose les armes et qu'on mette fin à une guerre barbare dont les résultats sont si funestes que l'histoire devrait les retracer en lettres de sang : ce n'est pas avec les armes à la main que les membres de la même famille terminent et arrangent leurs différends ; déposons-les pour prévenir le désespoir et le danger de nous opprimer et de nous abhorrer mutuellement. La nation entière forme ce vœu et me facilitera tous les moyens de triompher, sans violence, des obstacles qui se sont élevés pendant les calamités publiques.

Nous avons adopté un système plus libéral dans ses principes, et conforme à ce que vous avez désiré ; nous prendrons à tâche d'observer réciproquement une conduite franche et loyale, et de rejeter les maximes et les conseils de cette politique tortueuse que la fortune, dans ses fausses combinaisons, a pu quelquefois favoriser momentanément.

La métropole vous donne l'exemple ; suivez-le, Américains ; votre bonheur présent et futur en dépend ; donnez à la mère-patrie un jour de bonheur : dans un temps si fécond en événemens déplorables, puisse l'amour de l'ordre et du bien public réunir les volontés et accorder les opinions !

Les Cortès, dont le nom seul est un souvenir rempli d'heureux présages pour tous les Espagnols, vont se réunir ; vos frères de la Péninsule attendent avec sollicitude et les bras ouverts, ceux qui viendront de votre part, pour délibérer avec eux, comme égaux, sur les remèdes qu'il convient d'appliquer aux maux de la patrie et aux vôtres en particulier ; la sûreté de leurs personnes a pour garantie l'honneur national, et ce code que j'ai juré à la face de l'univers, et auquel je serai religieusement fidèle.

Les pères de la patrie, hommes chéris du peuple, une fois réunis, sauveront l'Etat en fixant à jamais les destins des deux mondes ; et, en récompense de ces œuvres de haute sagesse, leurs contemporains traceront la couronne immortelle qu'une postérité reconnaissante leur décernera. Que de bien, que de bonheur pourra produire cette union tant désirée ! Le commerce, l'agriculture, l'industrie, les sciences et les arts placeront leur siège dans ce pays fortuné que l'on regarde, non sans raison, comme le plus grand prodige de la nature ; et, à l'abri d'une paix inaltérable, fruit précieux de la concorde, que demande la justice, et que conseille la politique, et d'un gouvernement constitutionnel commun à tous et qui ne pourra être ni injuste ni arbitraire, vous vous éleverez au plus haut degré de prospérité qu'aient connu les hommes.

Mais si vous n'écoutez pas les conseils raisonnables qui viennent du fond de mon cœur, si vous n'accueillez et ne serrez pas une main fidèle et amie que vous tend une patrie qui a donné naissance à un grand nombre de vos ancêtres, (s'ils existaient, leur autorité vous l'ordonnerait), craignez les maux qui résultent des fureurs de la guerre civile ; la confusion et l'instabilité ordinaire des gouvernemens qui ont perdu leur assiette naturelle et leur légitimité ; les suites funestes de la séduction des hommes ambitieux qui fomentent l'anarchie pour faire tomber dans leurs mains le sceptre du commandement ; le pillage d'avanturiers audacieux ; les dangers de l'influence étrangère qui ne cherche que l'occasion d'attiser la discorde pour diviser l'opinion, qui divise pour dominer, et domine pour s'emparer des richesses ; enfin, toutes les horreurs et convulsions qu'on éprouve dans les crises violentes des états, lorsque, dans l'exaltation des passions, les principes politiques s'oublient, et lorsque le fanatisme vient à prédominer (1).

Alors, vous ressentirez les effets terribles de l'indignation de la nation, de ce que vous aurez offensé son gouvernement ; ce gouvernement déjà fort et puissant, parce qu'il s'appuie sur le peuple qui dirige ses principes et s'y conforme. Puisse-t-il ne jamais arriver le moment fatal d'une obstination irréfléchie : jamais ! pour que je n'aie pas la profonde douleur d'être obligé de cesser pour un court espace de temps, de me nommer votre tendre père.

Signé FERDINAND.

N.° 261. — NOTE *du Ministère Impérial russe, au Ministre résident d'Espagne, au sujet du rétablissement de la Constitution.*

Pétersbourg, 20 avril 1820 (2 mai.)

(Moniteur du 6 août.)

La note que M. le chevalier de Zéa Bermudes a adressée au ministre de Russie, en date du 19

(1) Ici l'Espagne n'ose pas contester directement le droit qu'ont les peuples de l'Amérique de se constituer en nations indépendantes.

avril (1.er mai) a été mise sous les yeux de l'Empereur.

S. M., constamment animée du désir de voir en Espagne la prospérité de l'état s'unir à la gloire du souverain et s'accroître avec elle, n'a pu apprendre sans une profonde affliction les événemens qui ont donné lieu à la communication de M. le chevalier de Zéa.

Alors même que l'on voudrait ne considérer cet événement que comme une conséquence déplorable des erreurs qui, depuis 1814, semblaient présager une catastrophe à la Péninsule, rien ne saurait justifier les attentats qui viennent d'y livrer les destins de la patrie aux hasards d'une crise violente.

Trop souvent de semblables désordres ont annoncé aux empires des jours de deuil.

L'avenir de l'Espagne se présente de nouveau sous un aspect ténébreux et alarmant, et de trop justes inquiétudes doivent se réveiller dans toute l'Europe ; mais plus ces circonstances graves peuvent être funestes à la tranquillité générale dont le monde goûte à peine les premiers fruits, moins il appartient aux puissances garantes de ce bienfait universel, de prononcer isolément et avec précipitation, dans des vues limitées ou exclusives, un jugement définitif sur les actes qui ont signalé les premiers jours de mars en Espagne.

Persuadé que le cabinet de Madrid aura adressé de semblables communications à toutes les cours alliées, l'Empereur se plaît à croire que l'Europe entière se réunira pour parler à S. M. C. le langage

de la vérité , et pour lui adrésser , d'une voix
unanime , les conseils d'une amitié aussi franche
que bienveillante.

En attendant , le gouvernement de Russie ne
peut se dispenser d'ajouter quelques considérations
sur les faits antérieurs que M. le chevalier de Zéa
rappelle dans sa note. Le cabinet impérial invo-
quera , ainsi que lui , le témoignage de ces faits ,
et c'est en les citant qu'il fera connaître les principes que l'Empereur se propose de suivre dans
ses relations avec S. M. C.

Lorsque l'Espagne a secoué le joug étranger
que la révolution française lui avait imposé , elle
a acquis des droits imprescriptibles à l'estime
et à la reconnaissance de toutes les puissances
européennes.

La Russsie lui a payé le tribut de ces sentimens ,
par le traité conclu avec elle , le 8 (20) juillet 1812.

Après la paix générale , la Russie a donné , de
concert avec ses alliés , plus d'une preuve d'intérêt
à l'Espagne. La correspondance qui a eu lieu entre
les principales cours de l'Europe atteste les vœux
que l'empereur a toujours formés pour que l'autorité du roi pût se consolider dans les deux hémisphères , avec l'assistance d'institutions fortes, par
les principes purs et généreux qu'elle aurait consacrés , et fortes surtout par la régularité du
mode de leur établissement. Emanées des trônes ,
ces institutions deviennent conservatrices ; sorties
du centre des troubles populaires, imposées par la
révolte, elles ne produisent que de nouvelles sub-

versions et de tristes désordres. Telle a toujours été la manière de voir de l'Empereur : sa conviction à cet égard est fondée sur les leçons de l'expérience ; en effet, si l'on jette les regards sur le passé, de grands, de terribles exemples s'offrent à la méditation des peuples et des souverains.

S. M. I. persiste dans son opinion ; ses vœux ne sont point changés, elle en donne ici la plus formelle assurance.

Il appartient maintenant au gouvernement de la Péninsule de juger si des institutions imposées par un de ces actes violens, funeste patrimoine de la révolution contre laquelle l'Espagne a lutté avec tant d'honneur ; si ces institutions peuvent jamais réaliser les bienfaits que les deux mondes attendaient de la sagesse de S. M. C., et du patriotisme de ses conseils.

Les voies que l'Espagne choisira pour arriver à ce résultat important ; les mesures qu'elle pourra prendre pour s'efforcer de détruire l'impression fâcheuse causée en Europe par l'événement du mois de mars, décideront de la nature des rapports que S. M. I. pourra conserver avec le gouvernement espagnol, et de la confiance qu'elle aimerait toujours pouvoir lui témoigner (1).

____

(1) La réponse à cette lettre est, d'après le droit des gens, que les nations sont indépendantes, et que personne n'a le droit de s'immiscer dans leurs affaires intérieures ; que les relations diplomatiques sont purement conventionelles et réciproques ; et en fait, que par le traité de 1812, art. 3, la Russie a reconnu la Constitution des Cortès. (*V*. t. ii, page 308.)

N.° 262. — CIRCULAIRE *du cabinet de Russie aux Cours de l'Europe, sur la révolution d'Espagne.*

Saint-Pétersbourg, 20 avril (2 mai) 1820.

(Annuaire histor. 1820 , page 663.)

Le chevalier de Zéa-Bermudez a présenté au cabinet impérial la note ci-jointe, relative aux événemens qui viennent d'avoir lieu dans la Péninsule, et dont nous avions déjà été informés par les dépêches qui nous ont été expédiées par nos agens aux cours étrangères.

M. de Zéa, dans ce document, se borne à nous informer que la Constitution promulguée par les Cortès en l'année 1812, a été acceptée par le roi, et il exprime le désir de savoir comment l'empereur a vu ce changement de gouvernement. Si l'on considère la distance qui nous sépare de l'Espagne et des Etats qui sont le plus à portée de peser mûrement la nature des désastres dont elle est menacée, on reconnaîtra bientôt que la position du ministère impérial, vis-à-vis du représentant de la nation espagnole, était difficile et délicate.

La révolution de la Péninsule fixe l'attention des deux hémisphères; les intérêts qu'elle est sur le point de décider, sont les intérêts de l'univers; et si jamais l'empereur a désiré que l'opinion de ses alliés pût servir à régler la sienne propre, ce fut, sans contredit, au moment où la note du chevalier de Zéa imposa à S. M. I. l'obligation de prononcer sur un événement qui enveloppe, peut-être, les futures destinées des nations civilisées. Cette obligation cependant existait, car aujourd'hui tout sujet de doute devient un instrument de malveillance (1).

La nécessité de répondre à **M.** de **Zéa** était donc évidente; mais, dans cette circonstance importante, il paraissait naturel qu'avant de prononcer une opinion, l'empereur considérât l'objet que les puissances alliées se proposaient elles-mêmes dans leurs relations avec l'Espagne; qu'il consultât les vues qu'elles avaient exprimées à cette même puissance, et qu'il prît les principes de politique européenne pour guides de la sienne; voilà ce que S. M. I. devait faire: c'est ce qui a été fait.

Depuis l'année 1812, plus d'un document diplomatique atteste la généreuse sollicitude que les différentes cours de l'Europe ont constamment manifestée à l'égard de l'Espagne. Elles ont applaudi à la noble persévérance avec laquelle son peuple intrépide résista au joug étranger. Elles ont rendu hommage à sa sagesse lorsqu'il rallia autour du trône constitutionnel les plus chers intérêts du pays, les intérêts de son indépendance. Enfin, depuis l'époque où la providence rendit Ferdinand **VII** à ses fidèles sujets , elles n'ont jamais manqué de reconnaître que des

(1) Cela n'est pas vrai en principe, car la nation espagnole avait le droit de se constituer en république, et les autres peuples n'ont pas le droit de s'en mêler.

6.

institutions solides pouvaient seules assurer sur ses bases l'ancienne monarchie espagnole.

Les souverains alliés ont fait plus : dans le cours des longues conférences relatives aux différends avec Rio de la Plata, et à la pacification des colonies, ils ont suffisamment fait entendre que ces institutions cesseraient d'être un moyen de paix et de bonheur, si, comme une concession volontaire, elles étaient adoptées par faiblesse comme une dernière ressource de salut.

Examinons d'un autre côté les grandes transactions qui ont établi l'alliance européenne.

Quel est l'objet des engagemens qui ont été renouvelés le 3 (13) novembre 1818 ?

Les monarques alliés venaient d'effacer les dernières traces de la révolution en France; mais cette révolution paraissait prête à produire de nouvelles calamités.

L'obligation des monarques et leur dessein, étaient donc d'empêcher que, partant du même horizon, la même tempête ne désolât une troisième fois l'Europe.

Néanmoins, comme si les alarmes qui étaient alors excitées par l'état de la France, et qu'il excite encore, n'étaient pas suffisantes; comme si les gouvernemens et les nations n'avaient que des doutes peu importans sur leur condition à venir; il fallut que le génie du mal choisît un nouveau théâtre, et que l'Espagne, à son tour, fût offerte en un terrible sacrifice. La révolution a donc changé de terrein ; mais les devoirs des monarques ne peuvent avoir changé de nature, et le pouvoir de l'insurrection n'est ni moins formidable, ni moins dangereux qu'il ne l'aurait été en France. Ainsi, d'accord avec ses alliés, S. M. ne pouvait que désirer de voir accorder à la Péninsule, comme à ses provinces d'outre-mer, un régime qu'elle regarde comme le seul qui puisse autoriser encore quelques espérances dans ce siècle de calamités ; mais, en vertu de ses engagemens du 3 (15) novembre 1818, S. M. devait frapper de la plus forte réprobation les moyens révolutionnaires mis en œuvre pour donner à l'Espagne des institutions nouvelles. Telle est la double idée qui se trouve développée dans la réponse ci-jointe, que le cabinet de Russie a faite au chevalier de Zéa, par l'ordre de S. M. l'empereur, qui ne doute pas que ses augustes alliés n'en approuvent le contenu, et peut-être en ont-ils déjà adressé de semblables à la cour de Madrid. Les mêmes vœux ont pu en effet leur inspirer le même langage, et, convaincus, comme S. M., que jamais le crime ne porte que des fruits impurs, ils ont sans doute déploré comme elle l'attentat qui vient de souiller les annales de l'Espagne. Nous le répétons, il est déplorable cet attentat ; il l'est pour la Péninsule, il l'est pour l'Europe ; et la nation espagnole doit aujourd'hui l'exemple d'un acte expiatoire aux peuples des deux hémisphères (1).

______

(1) Tous les Etats de l'Amérique ont au contraire adopté des Constitutions démocratiques.

Jusque-là, triste objet de leur inquiétude, elle ne pourra que leur faire redouter la contagion de ses malheurs. Toutefois, au milieu de tous ces élémens de désastres, et lorsque tant de motifs se réunissent pour affliger les vrais amis du bien-être des nations, peut-on encore s'attendre à un meilleur avenir? Est-il quelque mesure sage et réparatoire dont l'effet soit de réconcilier l'Espagne avec elle-même, ainsi qu'avec les autres puissances de l'Europe?

Nous n'osons point l'affirmer, car l'expérience nous a appris à regarder presque toujours comme une illusion l'espoir d'un événement heureux; mais si l'on se fiait aux calculs que l'intérêt personnel semblerait devoir indiquer, s'il était permis de présumer que les Cortès obéiront à l'intérêt de leur propre conservation, on pourrait croire qu'elles se hâteraient de détruire, par une mesure solennelle, tout ce qu'ont de coupable les circonstances qui ont accompagné le changement d'administration en Espagne, dans l'intérêt de l'Europe. La soldatesque égarée qui les a protégées, peut demain les poursuivre, et leur premier devoir envers leur monarque, envers l'Espagne, envers elles-mêmes, semble être de prouver que jamais elles ne consentiront à légaliser l'insurrection. Des espérances à cet égard, ne paraîtraient donc pas sans quelque fondement; cependant l'empereur est loin de les nourrir, et s'il admettait la possibilité d'un aussi utile résultat, il le ferait dépendre de l'unanimité qui se manifesterait dans l'opinion des principales puissances de l'Europe, sur l'acte par lequel les représentans du peuple espagnol devraient signaler l'ouverture de leurs délibérations. Cet accord, toujours si puissant lorsqu'il est le caractère d'un fait irrévocable, porterait peut-être la conviction dans l'esprit des membres les plus marquans du ministère de S. M. C., et les cours alliées sembleraient avoir un moyen facile d'imprimer à leur langage cette imposante uniformité.

Leurs ministres en France ont traité jusqu'à ce jour en leur nom avec un plénipotentiaire de la cour de Madrid; ne pourraient-ils pas aujourd'hui lui présenter en commun des observations dont le résumé va suivre, et qui rappelleraient au gouvernement espagnol la conduite ainsi que les principes politiques des monarques alliés?

Les monarques, diraient les cinq ministres, n'ont cessé de former des vœux pour la prospérité de l'Espagne; ils en formeront toujours. Ils ont désiré qu'en Europe, comme en Amérique, des institutions conformes aux progrès de la civilisation et au besoin du temps, puissent procurer à la totalité des Espagnols de longues années de paix et de bonheur; ils le désirent de même aujourd'hui; ils ont souhaité que ces institutions devinssent un bienfait réel par la manière légale dont elles auraient été introduites; ils le souhaitent encore à présent.

Cette dernière considération fera deviner aux ministres de S. M. C. avec quel sentiment d'affliction et de douleur ils ont appris l'événement du 8 mars et ceux qui l'ont précédé. A leur avis le salut de l'Espagne, ainsi que le bien de l'Europe, exigent que ce crime soit désavoué, cette tache lavée, ce scandale détruit; l'honneur d'une semblable réparation semble appartenir aux Cortès : qu'elles déplorent et réprouvent hautement le moyen employé pour établir un nouveau mode de gouvernement dans leur patrie; et qu'en consolidant un régime sagement constitutionnel, elles portent les lois les plus rigoureuses contre la sédition et la révolte.

Alors, et seulement alors, les cabinets alliés pourront maintenir avec l'Espagne des relations d'amitié et de confiance.

Développées d'un commun accord par les représentans des cinq cours, ces observations signaleraient dès à-présent, au ministre espagnol, la conduite que suivraient les gouvernemens alliés, dans le cas où les conséquences du 8 mars perpétueraient en Espagne le trouble de l'anarchie. Si ces conseils salutaires sont écoutés, si les Cortès offrent à leur roi, au nom de la nation, un gage d'obéissance, si elles parviennent à asseoir sur des bases durables la tranquillité de l'Espagne, et la paix du sud de l'Amérique, la révolution aura été vaincue au moment même où elle croyait obtenir un triomphe.

Si au contraire des craintes, peut-être trop justes, se réalisaient, au moins les cinq cours auraient-elles rempli un devoir sacré; au moins, un nouveau fait aurait-il signalé les principes, indiqué le but, et démontré l'action de l'alliance européenne.

L'empereur attend la réponse des cours de Vienne, de Londres, de Berlin et de Paris, sur les communications que son cabinet leur adresse à cet égard, et les prévient que le présent mémoire est l'instruction qu'il fait envoyer à tous ses ministres au sujet des affaires de l'Espagne.

N.° 263. — LETTRE *du roi de France en réponse à celle par laquelle le roi d'Espagne lui avait annoncé l'acceptation de la Constitution.*

Paris, 20 avril 1820.

(Annuaire histor.)

Monsieur mon frère et cousin, j'ai reçu la lettre par laquelle V. M. m'annonce qu'elle a jugé convenable d'accéder aux vœux de son peuple, en rétablissant la Constitution de 1812. J'ai pris le plus vif intérêt à cette résolution, tant par la sincère affection que je professe pour V. M., que par celle que m'inspira toujours la nation espagnole; me flattant de l'espoir que cette mesure aura pour résultat d'assurer en même temps la félicité personnelle de V. M. et de sa famille, et la prospérité de la monarchie que la providence a confiée à mes soins : le bonheur dont jouira l'Espagne ne pourra qu'augmenter toujours celui de la France (1), en cimentant les relations qui subsistent si heureusement entre les deux Etats voisins.

Je prie V. M. d'agréer l'assurance de ces sentimens et celle de la haute estime et de l'amitié inviolable avec laquelle je suis, monsieur, frère et cousin de V. M.   *Signé* LOUIS.

N.º 264. — RÉPONSE *du roi d'Angleterre à la lettre du roi d'Espagne, qui lui annonçait le nouvel ordre des choses.*

Palais de Carlton, 21 avril 1820.

(Moniteur du 27 mai.)

Monsieur mon frère, j'ai lu la lettre que V. M. m'a adressée textuellement pour me notifier que, d'après les vœux manifestés par son peuple, elle a jugé convenable de reconnaître et de jurer la Constitution politique promulguée à Cadix en l'an 1812. Je reçois cette communication de Votre Majesté comme un témoignage de son amitié, et je prie V. M. d'être persuadée du sincère intérêt que je prends dans toutes les occasions au bien-être et à la prospérité de la nation espagnole, ainsi qu'à la stabilité et à l'honneur de votre couronne. Je saisis cette occasion pour renouveler à Votre Majesté les protestations de la véritable estime et de la parfaite amitié avec laquelle je suis, monsieur mon frère, de V. M. le bon frère.

Signé GEORGES R.

(1) Cette réponse est conforme au principe du droit des gens, ainsi que la suivante.

N.° 265. — RÉPONSE *du roi de Saxe.*

J'ai immédiatement mis sous les yeux du roi, mon auguste maître, la note par laquelle vous me communiquez la résolution qu'a prise S. M. C. de jurer la Constitution promulguée à Cadix en 1812, par les Cortès générales.

Le roi, qui avait vu avec le plus grand chagrin les événemens qui avaient précédé cette mesure et la situation pénible dans laquelle ils avaient placé le gouvernement, apprend aujourd'hui avec une satisfaction particulière les preuves d'amour et d'attachement que S. M. C. a reçues de son peuple dans cette crise.

Le roi désire en tous les temps que les mesures jugées propres par S. M. C. pour garantir la tranquillité et la prospérité de sa monarchie, produisent les résultats les plus complets.

D'après les ordres du roi, je vous prie de communiquer à votre cour ces sentimens de S. M., en renouvelant les assurances du sincère attachement et de l'invariable amitié que le roi professe pour son auguste cousin, et qui sont si conformes aux relations intimes qui subsistent heureusement entre les deux maisons royales.

Récevez, chevalier, les sentimens de la haute considération avec laquelle j'ai l'honneur d'être.

Signé le comte d'EINSIÉDEL.

Les réponses des rois de Bavière et des Pays-Bas

sont à peu près conformes à celle du roi d'Angleterre.

Le Directoire fédéral des cantons suisses félicite le roi de ce que la nation espagnole a donné au monde l'exemple de la loyauté et de la fidélité au milieu des troubles politiques, et se flatte qu'elle continuera à donner celui de la modération et de la sagesse, etc.

N.° 266. — DÉCRET *qui réintègre dans leurs fonctions les employés publics qui en avaient été destitués en 1814, à cause de leur attachement à la Constitution.*

Madrid, 22 avril 1820.

(Moniteur du 2 mai.)

Mon âme royale n'étant pas satisfaite encore des preuves positives que j'ai données, depuis le moment où je me suis décidé à jurer la Constitution politique de la monarchie espagnole, de ma ferme résolution de la maintenir et de la faire observer, j'ai pris en considération le préjudice que souffrent quelques fonctionnaires publics qui sont dévoués à cette Constitution, et qui, pour avoir cessé leurs fonctions par l'effet de mon décret royal du 4 mai 1814, ont perdu leurs emplois respectifs, sans en avoir obtenu d'autres depuis ce temps. Comme il n'est pas conforme aux principes de la justice rigoureuse que je me suis proposé de suivre dans toutes mes délibérations, ni aux lois fondamentales de l'Etat que j'ai juré d'observer, que ces fonctionnaires souffrent plus long-temps un dommage grave ; et voulant y remédier autant que le permettent la pénurie du trésor public, les obligations urgentes que j'ai à remplir, et mon désir de ne pas accabler mes chers sujets de nouveaux impôts, j'ai résolu, d'accord avec la Junte provisoire, ce qui suit :

Tous les employés publics qui occupaient en mai 1814, des places dont ils ont été éloignés à cause de leur attachement à la Constitution politique de la monarchie espagnole, et non pour un juste motif légalement prouvé et prononcé par sentence, conformément à la Constitution, seront sur-le-champ réintégrés dans les mêmes fonctions, avec les avancemens qu'ils auraient eus s'ils avaient continué de les occuper, à moins que des inconvéniens très-graves ne s'y opposent, dans lequel cas ils seront indemnisés par des équivalens qu'ils solliciteront ou accepteront, etc.

Le ministère de la guerre a adressé aux inspecteurs et directeurs généraux de l'armée, un ordre du roi dont voici le début.

Le roi désirant que la force armée de la vaste monarchie espagnole ait, dans les deux hémisphères, l'organisation, l'instruction, le régime et la discipline analogues à l'indépendance et à la sûreté nationales, objet important qui lui est confié, et aux hautes conceptions que, dans tous les temps, elle a su se proposer; convaincu que, pour atteindre ce but, il faut la constituer telle que la demandent le système embrassé par la nation, l'état actuel de la politique et des connaissances militaires; jaloux enfin d'offrir aux Cortès, dès qu'elles seront réunies, un projet qui présente cet objet intéressant sous tous ses aspects, j'ai résolu que, dès ce moment, on entreprenne les travaux nécessaires pour obtenir les résultats suivans.

Connaître l'état actuel de l'armée espagnole, et tel qu'il doit être suivant les réglemens en vigueur; le montant présumé de ses dépenses; dresser un projet de constitution militaire, dérivée de la Constitution civile de la monarchie; faire des réglemens d'organisation, de régime, et de service en paix et en guerre pour les diverses armes: faire des réglemens d'instruction analogues à ceux-là; enfin, indiquer ce qu'il faudrait pour remplir le cadre qui résulte de l'état actuel de l'armée et de celui où elle doit se trouver, afin que les Cortès puissent mieux délibérer sur l'ensemble, etc. Pour l'exécution de ce décret, il est ordonné qu'une Junte composée de généraux, dirigera ces travaux, et que des Juntes de chefs et officiers seront formées auprès des inspecteurs et directeurs généraux.

N.° 267. — **Décret** *Pour la convocation des Cortès.*

Du . . . . .

Don Ferdinand VII, par la grâce de Dieu et par la Constitution de la monarchie espagnole, roi des Espagnes, etc., etc.

Ayant résolu de réunir immédiatement les Cortès ordinaires qui doivent avoir lieu tous les ans, suivant la Constitution que j'ai jurée ; considérant combien il est urgent de mettre en activité la Constitution dans toutes les branches de l'administration publique, et de convoquer la représentation nationale. Ayant égard aux modifications que commandent les circonstances actuelles, j'ai décrété, d'accord avec la Junte provisoire, créée par mon décret du 9 de ce mois, ce qui suit :

Art. 1.ᵉʳ Les Cortès ordinaires, pour les années 1820 et 1821, sont convoquées conformément aux dispositions des articles 104 et 108, chapitre 6, titre 3 de la Constitution politique de la monarchie espagnole, promulguée à Cadix, le 19 mars 1812, par les Cortès générales et extraordinaires de la nation.

2. On s'occupera à cet effet, et immédiatement, des élections dans toutes les communes de la monarchie, suivant ce qui est prescrit par la Constitution, aux chapitres 1, 2, 3, 4 et 5 du titre 3, dans la forme déterminée ci-après.

3. Tout membre des Cortès extraordinaires de Cadix ou des Cortès ordinaires de 1813 et 1814, pourra être élu député pour les Cortès de 1820 et 1821.

4. Les Cortès de cette année ne pouvant pas s'ouvrir à l'époque fixée par l'art. 106 de la Constitution, elles commenceront leur session le 9 juillet prochain.

5. La nécessité de réunir promptement les Cortès ne permettant pas de garder dans les élections les intervalles que la Constitution ordonne d'observer entre les Juntes de paroisse, d'arrondissement et de province, les premières, pour cette fois seulement, auront lieu le dimanche 30 avril; les secondes, une semaine après, le dimanche 7 mai, et les troisièmes, à quinze jours de distance, le dimanche 21 du même mois, en se conformant en tout aux instructions qui accompagnent le présent décret.

6. Lorsque les élections auront été vérifiées, les députés auront un mois pour se rendre dans la capitale.

7. A leur arrivée, les députés de la Péninsule se présenteront au département du gouvernement de la Péninsule (ministère de l'intérieur), pour faire enregistrer leurs noms et celui de la province qui les aura élus, ainsi qu'ils devront le faire à la secrétairerie des Cortès, auprès de la députation permanente si elle existait, et conformément à l'art. 111 de la Constitution.

8. Les hasards de la mer pouvant occasionner, dans les élections des îles Baléares et des Canaries, quelques retards imprévus, on procédera à leur vérification le plus promptement qu'il sera possible.

9. Les députés titulaires de la Péninsule et des îles adjacentes devront être munis des pouvoirs des électeurs, conformément à la formule insérée dans l'art. 100 de la Constitution.

10. Quant à la représentation des provinces d'outre-mer, jusqu'à ce que les députés qu'elles auront élus puissent siéger aux Cortès, on pourvoira à leur absence au moyen de suppléans, ainsi qu'il a été arrêté par le Conseil de régence, le 8 septembre 1810, pour la convocation des Cortès générales et extraordinaires d'alors.

11. Conformément au même décret, et jusqu'à ce que les Cortès aient déterminé ce qui convient le mieux, le nombre de ces suppléans sera de trente individus, savoir : sept pour la vice-royauté du Mexique, deux pour la capitainerie générale de Guatimala, un pour l'île de Santo Domingo, deux pour celle de Cuba, un pour l'île de Puerto Rico, deux pour les Philippines, cinq pour la vice-royauté de Lima, deux pour la capitainerie générale du Chili, trois pour celle de Santa Fé, et deux pour la capitainerie générale de Caraccas.

12. Les conditions pour être élu député suppléant, seront les mêmes que celles exigées par la Constitution pour être élu député titulaire.

III.   7

13. Les élections des trente députés suppléans d'outre-mer se feront dans la forme suivante : tous les citoyens de ces provinces qui se trouvent à Madrid, se formeront en une Junte présidée par le chef politique de la Castille. Les citoyens de ces mêmes provinces d'outre-mer, qui résident dans d'autres lieux de la Péninsule, remettront par écrit leur vote au chef politique; le président, le secrétaire et les scrutateurs élus par la Junte examineront ces votes et ils proclameront députés ceux qui auront obtenu la majorité des voix.

14. Les conditions, pour être électeur des suppléans d'outre-mer, seront les mêmes que celles voulues pour être électeur des députés titulaires.

15. Seront électeurs des suppléans tous les citoyens dont il est question à l'art. 13, qui auraient, suivant la Constitution, le droit d'être électeurs dans les provinces respectives.

16. Afin que le défaut d'électeurs de quelques provinces d'outre-mer ne s'oppose point au concours de leur représentation dans les Cortès, les électeurs des provinces d'outre-mer, les plus voisines entr'elles, se réuniront à cet effet (suivant l'art. 18 du réglement, déjà cité, du 8 septembre 1810), dans l'ordre suivant : ceux du Chili à ceux de Buéhos Ayres; ceux de Venézuela ou de Caraccas à ceux de Santa Fé; ceux de Guatimala et des Philippines à ceux du Mexique, et ceux

de Santo Domingo et de Puerto Rico à ceux de l'île de Cuba et des deux Florides.

17. Chaque électeur des suppléans justifiera pardevant l'assemblée constitutionnelle de la commune où il réside, des conditions exigées pour exercer le droit de voter, et il adressera ses titres justificatifs et son vote au chef supérieur politique de Madrid, avant le dimanche 28 mai, jour où se feront les élections des députés suppléans.

18. Les députés suppléans se présenteront au département de la gobernation d'outre-mer (ministère de l'intérieur), ainsi que l'ordonne l'art. 7 de ce décret aux députés titulaires de la Péninsule.

19. La Junte générale des électeurs, résidant à Madrid, vérifiera le scrutin des votes, en vertu desquels auront été élus les députés suppléans d'outre-mer. Tous les électeurs présens, comme représentans de leur province, en leur propre nom et au nom de ceux qui auront envoyé leurs votes par écrit, donneront les pouvoirs à chacun des députés suppléans nommés à la majorité des voix, suivant la formule insérée à l'art. 100 de la Constitution, et ils les leur remettront afin qu'ils puissent se présenter aux Cortès.

20. Comme la députation permanente qui devrait présider les Juntes préparatoires des Cortès et recueillir les noms des députés et des provinces,

n'existe pas, afin de suppléer à son défaut, les députés et les suppléans se réuniront, le 26 juin prochain, en une première Junte préparatoire, et nommeront entre eux, à la majorité des voix, et pour ce seul objet, le président, les secrétaires et les scrutateurs dont il est question à l'art. 112 de la Constitution ; ils nommeront ensuite les deux commissions de cinq et de trois membres que prescrit l'art. 113 pour l'examen de la légalité des pouvoirs. La seconde Junte préparatoire aura lieu le 1.er juillet, et celles qui seront nécessaires pourront se tenir jusqu'au 6 du même mois, jour où s'assemblera la dernière Junte préparatoire, après quoi les Cortès seront regardées comme constituées et formées, et elles commenceront leur session, le 9 juillet, le tout conformément aux articles 114, 115, 117, 118, 119, 120, 121, 122 et 123 de la Constitution.

21. En conformité de l'art. 104 de la Constitution, on destine pour la réunion des Cortès le même édifice dans lequel ont siégé les dernières, et il sera disposé à cet effet selon l'arrangement indiqué au chapitre premier du réglement intérieur des Cortès, fait à Cadix, le 4 septembre 1813, par les Cortès générales et extraordinaires.

Comme les modifications qu'on remarque dans ce décret, relativement à ce qui a été établi par la Constitution, au sujet de la convocation des Juntes électorales, et à l'époque à laquelle les

Cortès doivent se réunir, sont une suite indispensable de l'état présent de la nation, ces modifications s'étendent seulement à la législation des années 1820 et 1821, hormis ce qui concerne la députation permanente qui devra être en activité dans cette dernière année; car, conformément au serment que j'ai prêté provisoirement et que je prêterai solennellement devant les Cortès, on doit dorénavant observer en tout scrupuleusement ce que prescrit à cet égard la Constitution politique de la monarchie.

Partant, nous mandons à tous les tribunaux, etc.

N.° 268. — LETTRE *du souverain Pontife, en réponse au roi d'Espagne, sur l'acceptation de la Constitution.*

Rome, 30 avril 1820.

(Annuaire histor. 1820, page 661.)

Notre très-cher fils, nous avons reçu la lettre, datée du 25 mars, par laquelle V. M. catholique nous annonce qu'ayant connu les besoins de son peuple, et désirant ardemment sa félicité, elle a accédé à ses désirs en jurant la Constitution promulguée par les Cortès générales et extraordinaires à Cadix, en 1812, pendant sa captivité. Vous nous avez très-bien jugé, cher fils en Jésus-Christ, en supposant que nous nous intéressons beaucoup à la tranquillité et à la félicité des peuples que la providence divine a mis à votre charge;

nous avons la confiance que V. M. sera persuadée qu'au milieu de nos soins , ces objets ne cessent d'occuper notre attention principale. Nous avons toujours professé et nous ne cessons pas de professer un amour particulier pour V. M. Nous avons aussi toujours eu une estime singulière pour la Nation espagnole, à cause de ses qualités excellentes, et particulièrement à cause de son antique constance à suivre et conserver la religion catholique, de sorte que nos vœux pour la tranquillité et la prospérité d'une nation aussi glorieuse, ne sont pas moins ardens que ceux qu'exprime la lettre de V. M. Le principal vœu de notre cœur est que cette très-sainte religion se conserve et se fortifie dans toutes les possessions de la monarchie espagnole. Nous espérons, dans le père des miséricordes, que l'illustre nation des Espagnols, toujours si fidèle à la religion de ses pères, gardera dans tous les temps et dans toutes les circonstances cette pureté de la foi, cette sainteté de mœurs et cette exacte obéissance aux lois ecclésiastiques qui forment son héritage. Animé de cet espoir, nous vous donnons avec le plus vif attachement, très-cher fils en Jésus-Christ, ainsi qu'à toute votre royale famille, notre bénédiction apostolique (1).

____

(1) Ainsi le Pape ne s'attribue pas le droit d'examiner la légalité de la Constitution des Cortès.

N.º 269. — PROCLAMATION *de la Junte suprême à la Nation, à l'occasion de la dissolution et de l'ouverture des Cortès.*

Madrid, 9 juillet 1820.

(Moniteur du 23).

Peuple espagnol, ceux qui, au bout de six ans d'une lutte soutenue avec le plus grand héroïsme, ont vu que tu te laissais vaincre par l'excès de ta loyauté; que, dans ton enthousiasme pour elle, tu renonçais à tes droits les plus précieux et détruisais le grand œuvre politique élevé au prix de tant de sacrifices; que tu abandonnais enfin le sentier de la gloire dans lequel tu étais si noblement entré; ceux-là durent désespérer à jamais qu'un peuple, content en apparence de son malheureux sort, pût sortir de la dégradation dans laquelle il se trouvait plongé, et élever son nom auguste à la hauteur des autres nations.

Telle était en effet l'opinion générale en Europe: celui-ci disait que par un changement sans exemple dans les annales du monde, l'Espagne avait rétrogradé jusqu'à l'ignorance et aux ténèbres du douzième siècle; un autre assurait plus insolemment encore que l'Afrique commençait aux Pyrénées; celui-là plus sensible enfin ou plus politique, voyait avec douleur que pour sortir d'un système aussi déplorable il était nécessaire d'opérer une convulsion cruelle qui ébranlât jusqu'aux fondemens de l'édifice social, et dont la secousse produirait les effets d'un tremblement de terre ou d'un incendie.

Injures vaines, fausses terreurs que les événemens prodigieux qui ont eu lieu depuis six mois, et le caractère espagnol ont repoussées et dissipées à l'envi. Oui, Espagnols! le cri généreux de la liberté, élevé par nos généreux guerriers dans les champs de Xérez, a porté ses échos précieux sur les bords de l'Océan et de la Méditerranée; il a retenti en Navarre et en Arragon; il est parvenu à la capitale et jusqu'au trône, et, dès ce moment, les vœux de la nation ont été remplis, et l'on a vu l'entreprise la plus grande d'un monarque et d'un peuple, commencée sous les plus heureux auspices.

Un événement aussi imprévu et aussi grand a été accompagné de circonstances qui le distinguent singulièrement. Point de violence, de vengeance, ni de sang répandu; les ennemis mêmes de la liberté peuvent voir tranquillement ce spectacle et parcourir les villes en sûreté, en jouissant des droits qu'ils n'avaient pas lors de leur triomphe. Les illustres proscrits sortent de leurs prisons, reviennent de leurs exils, et sont les premiers à donner des exemples de modération et d'ordre. L'Europe contemple ce sublime tableau, et, étonnée de tant de vertus, elle tremble encore pour l'Espagne et pour la liberté.

Mais ceci ne suffisait pas, il fallait donner un autre exemple plus grand et moins espéré. La

Constitution était nouvellement proclamée ; le monarque, en se rendant au vœu de son peuple fidèle , avait prêté serment à cette Charte , et appelé autour de lui la Junte qui vous parle, pour l'aider dans la vaste entreprise d'établir ce système constitutionnel ; mais en attendant que toutes les mesures pussent être prises, les provinces pouvaient se diviser, la tranquillité être altérée , les liens de la nation et de la concorde détruits.

Tout présentait aux ennemis de la liberté une occasion favorable et la possibilité criminelle d'envelopper la Nation dans une anarchie funeste et dans une guerre civile, dont les horreurs et le scandale pouvaient la plonger de nouveau dans l'abîme des maux dont elle venait de se délivrer.

Salut et gloire éternelle au peuple généreux dont la douceur et les vertus ont su éviter de semblables écueils ! Gloire immortelle au vertueux prince qui , placé à sa tête, a su le conduire dans des périls aussi grands jusqu'au bout de ses désirs ! Le temps est écoulé, l'ordre a été observé, les passions malfaisantes ont été ensevelies dans le silence ; elles ont murmuré dans les ténèbres, et le noble amour du bien et la confiance généreuse se sont seuls montrés à découvert. Vous avez choisi vos représentans ; ni le pouvoir, ni la richesse, ni l'intrigue n'ont pu agir sur vous pour exercer le plus précieux de vos droits ; vos choix ont été si heureux, que lorsque la voix publique a proclamé les noms de vos représentans, la patrie a cru les recevoir des mains de la sagesse et de la vertu.

Enfin le jour fixé paraît, les portes du sanctuaire s'ouvrent, les pères de la patrie occupent leurs siéges; et, au milieu d'un peuple immense, le monarque se présente avec toute la pompe de sa majesté, dans toute la splendeur de ses vertus; et en accomplissant la parole royale qu'il avait donnée à son peuple, il jure à la face du ciel et de la terre, d'observer religieusement le pacte sacré dans lequel sont consignés les droits du trône et ceux de la plus héroïque des nations.

Voici le jour heureux après lequel nous avons soupiré depuis si long-temps : c'est dans ce jour que nous recevons le prix de douze années de peines et de sacrifices, et que nous devons oublier tous les maux passés pour nous livrer aux douces espérances qu'il nous promet. Et comment n'aurions-nous pas de confiance dans les efforts réunis d'un roi magnanime qui nous a donné tant de marques de son amour pour le bien, et dans ceux des députés qui nous ont donné tant de preuves de patriotisme et de sagesse!

Le Congrès national paraît enfin comme un feu au milieu du corps politique, pour lui communiquer la chaleur de la vie, et donner de l'énergie à son mouvement. Ses devoirs sont grands et l'entreprise qui lui est recommandée difficile; mais uni étroitement à son roi ; le pouvoir qu'il va exercer est plus grand, et immense est la gloire dont il va se couronner.

Espagnols ! il est nécessaire que vous le secondiez aussi par votre docilité et votre prudence. Les plaies que tant de siècles d'erreurs, d'ignorance et d'arbitraire ont faites à l'État, ne peuvent se cicatriser en peu de jours. Les biens de la liberté, par cela même qu'ils sont inestimables, ne peuvent s'obtenir qu'à force de temps et de sacrifices : ne vous laissez point tourmenter par l'impatience ; n'écoutez pas la voie trompeuse des méchans, qui vous feront peut-être un reproche de la lenteur de vos progrès. Observez la Nature qui seule perfectionne ses œuvres par une marche lente et majestueuse : les arbres plantés un jour ne donnent point de fruit le lendemain, et les remèdes appliqués pour rendre la santé et la force perdue par le corps humain, ne produisent pas leur effet au moment même de leur application. Votre maladie a été longue, douloureuse et mortelle, et ce n'est qu'à force de temps et par un régime constant, que vous parviendrez à obtenir la santé à laquelle vous aspirez. Vous l'obtiendrez, n'en doutez pas ; on n'implore pas en vain le ciel, qui n'est pas assez ennemi des hommes pour permettre que des espérances aussi belles soient dissipées.

Et toi, ville de Madrid, ville héroïque à tant de titres ; toi qui, comme le centre et la capitale de l'État, as contribué si éminemment à notre heureuse révolution ! Toi qui as le bonheur de posséder dans ton sein la représentation nationale, tu es celle qui doit donner au restant de la monarchie l'exemple le plus efficace d'un haut respect et d'une prudence consommée. Tu le donneras ; et les démonstrations d'adhésion, d'attachement et de confiance que la Junte te doit, ne lui laissent aucun doute de tes sentimens envers le Congrès qui mérite des considérations si élevées. La Junte, en te témoignant pour la dernière fois la gratitude qu'elle te doit, te félicite pour le succès avec lequel tu as couronné le grand œuvre commencé dans les premiers jours de mars. Ta confiance l'associa alors à ton noble but ; et si dans ses nobles travaux, et dans les conseils qu'elle a donnés à ton monarque bien-aimé, elle a répondu à tes desseins, la Junte obtient la plus douce récompense qu'elle pouvait désirer.

Signé Louis de Bourbon, cardinal de la Scala, archevêque de Tolède. (*Suivent les signatures de tous les autres membres de la Junte.*)

N.° 270. — Discours *du roi d'Espagne à l'ouverture de la première session des Cortès.*

Madrid, 9 juillet 1820.

(Annuaire historique , 1820, p. 658.)

Messieurs les députés, il est arrivé enfin le jour, objet de mes désirs ardens, le jour où je me vois entouré des représentans de l'héroïque et généreuse Nation espagnole, et où un serment solennel achève d'identifier mes intérêts et ceux de ma famille avec les intérêts de mes peuples.

Dès que l'excès du mal eut provoqué l'expression non équivoque du vœu général de la Nation, expression obscurcie long-temps par des circonstances déplorables et désormais bannies de notre mémoire, je me suis aussitôt décidé à embrasser le système que la nation désirait, et à jurer la Constitution politique de la monarchie, sanctionnée par les Cortès générales et extraordinaires de l'an 1812. Dès-lors, la couronne et la Nation ont toutes les deux recouvré leurs droits légitimes, ma résolution étant d'autant plus spontanée et libre, qu'elle est plus conforme à mes intérêts et à ceux du peuple espagnol, dont le bonheur n'a jamais cessé d'être le but de mes intentions les plus sincères; ainsi mon cœur étant uni, par un nœud indissoluble, à celui de mes sujets et de mes enfans, l'avenir ne me présente que des images flatteuses de confiance, d'amour et de prospérité.

Avec quelle satisfaction ai-je contemplé ce grand spectacle inconnu jusqu'ici dans l'histoire, ce spectacle d'une Nation magnanime, qui a su passer d'un état politique à un autre, sans bouleversemens, sans violences, parce qu'elle a su subordonner son enthousiasme à la raison, au milieu des circonstances qui ont couvert de deuil d'autre pays moins heureux! L'attention générale de l'Europe doit désormais se diriger sur les opérations du Congrès qui représente cette Nation privilégiée. C'est d'elle que l'Europe attend des mesures d'indulgence pour le passé , et une fermeté éclairée pour l'avenir , afin qu'on voie garantir en même temps le bonheur de la génération présente et celui des générations futures , tandis que les erreurs de l'époque précédente s'effacent de la mémoire. C'est dans son sein que l'Europe espère voir se multiplier les exemples de justice, de bienfaisance et de générosité ; vertus qui furent toujours propres aux Espagnols, vertus que la Constitution commande, et qui, ayant été religieusement exercées pendant l'effervescence même des peuples , le seront encore davantage par un Congrès de représentans, revêtus du caractère grave et tranquille de législateurs.

Il est temps d'entreprendre l'examen de l'état où se trouve la Nation, et de se livrer aux travaux indispensables pour remédier aux maux produits par des causes anciennes, mais accrus par l'invasion ennemie et par le système extravagant des temps subséquens.

L'exposé de la situation des finances, que vous présentera le secrétaire d'Etat, mettra en évidence leur état de décadence et de pénurie; il excitera le zèle des Cortès à chercher parmi les ressources qui restent à la Nation , celles qui seront les plus propres pour faire face aux obligations et aux charges forcées de l'Etat. Cet examen vous affermira de plus en plus dans la conviction qu'il est essentiellement urgent d'établir le crédit public sur les bases immuables de la justice, de la bonne foi et de la scrupuleuse observation des conventions, d'où naissent à-la-fois la tranquillité et le bien-être des créanciers, la confiance des capitalistes nationaux ou étrangers, et l'allégement des fardeaux du trésor public. Je remplis un des devoirs les plus sacrés que m'imposent la dignité royale et l'amour de mes peuples, en recommandant avec instance aux Cortès cet objet important.

L'administration de la justice, sans laquelle aucune société ne saurait exister, s'est reposée jusqu'ici presque exclusivement sur l'honneur et la probité des magistrats; mais, soumise désormais à des principes connus et stables, elle offre aux citoyens de nouveaux et de plus forts motifs de sécurité; elle promet des améliorations plus considérables encore, lorsque nos Codes, soigneusement revisés, auront acquis la simplicité et la perfection qui doivent résulter des lumières et de l'expérience de notre siècle.

Dans l'administration intérieure, nous éprouvons des difficultés qui doivent leur origine à des abus invétérés, aggravés pendant les dernières années. Les soins persévérans du gouvernement, et le zèle de ses agens ainsi que des autorités provinciales, concourent à établir le système simple et bienfaisant d'organisation municipale adopté par la Constitution; ils sauront vaincre les obstacles, et perfectionner, avec le temps, cette partie du gouvernement qui influe de si près sur la prospérité du royaume.

L'armée et la flotte appellent très-particulièrement ma sollicitude; ce sera un de mes premiers soins d'en accélérer l'organisation et la législation de la manière la plus convenable à la Nation, et en combinant, autant que possible, l'avantage de deux classes de citoyens aussi précieuses et aussi bien méritantes, avec l'économie qui nous est indispensable. Je compte, à cet égard, sur le patriotisme et la bonne volonté de mes peuples, et sur la sagesse de leurs représentans, à qui je m'en rapporte avec une confiance entière.

Il est à espérer que le rétablissement du système constitutionnel, et l'attrayante perspective qu'il présente, en détruisant les prétextes dont pourrait abuser la malignité dans les provinces d'outre-mer, aplaniront le chemin de la pacification à celles qui sont dans un état d'agitation ou de dissidence, de sorte qu'on pourra éviter, ou du moins retarder l'emploi d'autres moyens. C'est à quoi contribueront à-la-fois les exemples de modération et d'amour de l'ordre, donnés par l'Espagne péninsulaire; le juste orgueil d'appartenir à une Nation si digne et si généreuse; enfin les sages lois qui seront promulguées, en conformité de la Constitution, et qui, en faisant oublier les maux passés, doivent rassembler tous les Espagnols autour de mon trône, en confondant, dans l'amour de la patrie commune, tous les souvenirs qui pourraient rompre ou affaiblir les liens fraternels qui doivent nous unir.

Dans nos relations avec les Nations étrangères, il règne généralement la plus parfaite harmonie : il ne faut en excepter qu'un petit nombre de différends, qui, sans avoir troublé la paix existante, ont donné lieu à des négociations qui ne peuvent se terminer sans le concours et l'intervention des Cortès du royaume. Telles sont les discussions avec les Etats-Unis, sur le sort ultérieur des deux Florides, et la fixation des limites de la Louisiane. Il existe aussi des différends occasionnés par l'occupation de Monte-Video, et d'autres possessions espagnoles sur la rive gauche de Rio de la Plata ; mais quoique la complication des circonstances ait jusqu'à présent retardé l'arrangement de ces différends, j'espère que les principes justes et modérés qui dirigent nos opérations diplomatiques, produiront un résultat honorable pour la Nation, et conforme au système pacifique dont la conservation est devenue la maxime générale et fixe de la politique européenne. La régence d'Alger laisse percer l'intention de renouveler ses anciennes hostilités : pour éviter les conséquences qu'entraînerait ce manque de foi et de respect pour les traités, celui que j'ai conclu en 1816, avec le roi des Pays-Bas, stipule la réunion de forces maritimes respectables des deux puissances dans la Méditerranée, forces destinées à maintenir et à assurer la liberté de la navigation et du commerce.

III.   8

Il appartient aux Cortès du royaume de consolider la félicité commune par des lois justes et sages, de protéger par elles la religion, les droits de la couronne et ceux des citoyens; il appartient à la dignité royale de veiller sur l'exécution des lois, et particulièrement sur celle de la loi fondamentale de la monarchie, centre de la volonté des Espagnols, et point d'appui de toutes leurs espérances : ce sera la plus agréable et la plus constante de mes occupations.

C'est à l'établissement et à la conservation entière et inviolable de la Constitution, que je consacrerai les pouvoirs que cette même Constitution assigne à l'autorité royale; j'y concentrerai ma puissance, mon bonheur et ma gloire. Pour conduire à fin cette œuvre grande et salutaire, après avoir humblement imploré les secours et les lumières de l'auteur de tous les biens, il ne m'est rien de plus nécessaire que la coopération active et efficace des Cortès. Votre zèle, vos lumières, votre patriotisme, votre attachement à ma royale personne, me garantissent que vous allez concourir avec tous les moyens nécessaires, au succès de nos importans travaux ; c'est ainsi que vous répondrez à la confiance de l'héroïque Nation qui vous a élus.

Signé, MOI, LE ROI.

N.° 271. — **Décret** *des Cortès relatif au clergé régulier, sanctionné par le roi.*

Madrid, 10 octobre 1820.

(Moniteur du 17 novembre.)

Don Ferdinand VII, par la grâce de Dieu et par la Constitution de la monarchie espagnole, Roi des Espagnes; à tous ceux qui les présentes verront et entendront, sachez que les Cortès ont décrété, et que nous sanctionnons ce qui suit :

Les Cortès, après avoir observé toutes les formalités prescrites par la Constitution, ont décrété ce qui suit :

Art. 1.er Tous les monastères des ordres des moines ; ceux des chanoines réguliers de Saint-Benoît, de la congrégation claustrale de Tarragone et de Sarragosse; ceux de Saint-Augustin et les Prémontrés ; les couvens et collèges des ordres militaires de Saint-Jacques, Calatrava, Alcantara et Montésa; ceux de Saint-Jean de Jérusalem; ceux de Saint-Jean de Dieu, les Béthléémites; et les autres ordres hospitaliers sont supprimés.

2. Pour conserver le culte divin dans quelques sanctuaires célèbres depuis les temps les plus reculés, le gouvernement pourra désigner seulement huit couvens; et les confier aux religieux qu'il choisira; mais ils resteront soumis au diocésain respectif et au supérieur local choisi par eux-mêmes, avec défense d'admettre et de laisser professer des novices. Il sera pourvu à la subsistance

8.

des individus composant ces communautés, de la manière énoncée par les art. 5 et 6, et aux frais du culte, au moyen de la dotation qui sera jugée nécessaire.

3. Les bénéfices appartenant aux monastères et couvens supprimés par la présente loi, sont rendus à leur primitive liberté et à la provision royale; mais les possesseurs actuels des cures, prébendes, commanderies, offices, ou tous autres bénéfices de présentation royale, continueront d'en jouir; ils continueront d'acquitter les pensions alimentaires dont ils se trouvent chargés, et l'on déposera dans la trésorerie, après examen et liquidation, le montant des pensions de toute nature.

4. Les services rendus dans leurs institutions respectives, et les grades obtenus par les religieux, seront pris en considération d'une manière particulière par le gouvernement, dans la provision d'archevêchés, évêchés, prébendes et autres bénéfices ecclésiastiques.

5. Il sera alloué à tout moine ordonné *in sacris* qui n'aura pas plus de cinquante ans au moment de la publication du présent décret, 3oo ducats par an; à celui qui passera cet âge sans atteindre celui de soixante ans, 4oo ducats, et 6oo à ceux qui auront plus de soixante ans.

6. Les autres religieux profès recevront 1oo ducats par an lorsqu'ils n'auront pas atteint cinquante ans, et 2oo s'ils ont plus que cet âge. Ils

pourront en outre obtenir des emplois civils dans toutes les carrières, et seront soumis aux charges des laïques.

7. Les deux articles précédens sont applicables, dans leurs cas respectifs, aux frères des ordres militaires et aux conventuels d'obéissance de celui de Saint-Jean de Jérusalem, ainsi qu'aux commandeurs hospitaliers ; à ceux de Saint-Jean de Dieu, aux Béthléémites et autres hospitaliers, soit prêtres, soit frères laïques, il sera alloué 200 ducats, quel que soit leur âge, et 100 aux pères servans profès.

8. Les pensions désignées dans les trois articles précédens cesseront dès que leurs possesseurs obtiendront une rente ecclésiastique ou de l'Etat, supérieure ou équivalente à la pension; mais si elle était moins considérable, ils continueront de percevoir la différence.

9. Quant aux autres ordres réguliers, la Nation veut qu'ils n'existent que soumis aux diocésains ordinaires.

10. Il ne sera reconnu d'autres prélats réguliers que les prélats locaux de chaque couvent choisis par les communautés elles-mêmes.

11. Si le gouvernement jugeait convenable de faire concourir l'autorité ecclésiastique à l'exécution des deux articles précédens, il prendra à cet effet les mesures qu'il croira opportunes.

12. Il est défendu de fonder aucun couvent,

d'admettre aucune profession, et aux novices de faire aucun vœu.

13. Le gouvernement protégera de tous ses moyens la sécularisation des moines réguliers qui la solliciteraient, en empêchant toute vexation ou violence de la part de leurs supérieurs; il fera en sorte qu'on les mette en état d'obtenir des prébendes et des bénéfices, avec ou sans cure.

14. La Nation accorde cent ducats de congrue à tout religieux ordonné *in sacris* qui se sécularisera; il en jouira jusqu'à ce qu'il obtienne un bénéfice ou une rente ecclésiastique pour subsister.

15. Le religieux qui voudra être sécularisé se présentera lui-même, ou au moyen d'un fondé de pouvoirs, au chef politique de la province de sa résidence, pour qu'il lui donne la congrue dont il est question dans l'article précédent.

16. Il ne pourra y avoir qu'un seul couvent du même ordre dans chaque commune et son arrondissement.

17. La communauté qui n'aurait point vingt-quatre religieux ordonnés *in sacris* sera réunie au couvent du même ordre le plus voisin; mais si la commune où il se trouve n'avait qu'un seul couvent, la communauté pourra y être maintenue, si elle a seulement douze religieux ordonnés *in sacris*.

18. Si la communauté à laquelle se réunira le couvent le plus voisin n'avait point de revenus suffisans pour subvenir aux besoins des individus des deux établissemens, le gouvernement devra lui

assigner, sur les fonds publics, le revenu qu'il jugera nécessaire.

19. Le gouvernement prononcera sur les cas litigieux de suppression ou permanence auxquels pourront donner lieu les deux articles précédens, en consultant toujours la convenance du public, et celle des religieux eux-mêmes.

20. Pour le moment, et jusqu'à ce que le congrès prenne une résolution sur les projets d'instruction publique et de missions, les ecclésiastiques réguliers des écoles de la doctrine chrétienne (*escuela pia*), et le collége des missionnaires qui existe à Valladolid, sont exceptés des dispositions de l'art. 17 et de la partie de l'art. 12, qui défend d'admettre des novices.

21. Les art. 9, 10, 12 et 13 sont communs aux couvens et communautés de religieuses; chacune de celles qui se séculariseront jouira d'une pension annuelle de deux cents ducats.

22. Les ducats dont parlent l'article précédent et les art. 5, 6, 14, seront remplacés par des piastres fortes pour les provinces d'Amérique.

23. Tous les biens, meubles et immeubles des monastéres, couvens et colléges qui sont supprimés par la présente loi, ou qui le seront à l'avenir en vertu des art. 16, 17, 19, 20, sont appliqués au crédit public, mais soumis, comme jusqu'ici, aux charges légitimes, tant civiles qu'ecclésiastiques, dont ils sont grevés.

24. Si quelqu'une des communautés religieuses

des deux sexes qui seront maintenues, avait dés revenus plus grands que ceux qui sont nécessaires pour leur procurer une existence convenable , et pourvoir ainsi aux besoins de leur institution , l'excédant sera appliqué au crédit public.

25. Tout religieux qui se fera séculier, ou dont le couvent sera supprimé, pourra emporter avec lui les meubles à son usage.

26. Le gouvernement pourra destiner à des établissemens d'utilité publique, les couvens supprimés qu'il jugera les plus propres à cet objet.

27. Les chefs politiques auront soin de recueillir les archives, tableaux , livres et effets des bibliothèques des couvens supprimés ; ils en remettront les inventaires au gouvernement, qui les enverra en original aux Cortès, pour qu'elles en destinent , à leur bibliothèque , ce qu'elles jugeront convenable, suivant le réglement approuvé par les Cortès ordinaires.

28. Le gouvernement sera chargé d'appliquer le surplus des objets mentionnés dans l'article précédent aux bibliothèques provinciales, musées, académies et autres établissemens d'instruction publique.

29. On laisse aux évêques diocésains respectifs la faculté de disposer , en faveur des paroisses pauvres de leurs diocèses, des vases sacrés, bijoux, ornemens, images, autels, orgues, livres de chœurs, et autres ustensiles appartenant au culte.

30. Les évêques diocésains ordinaires pourront, avec l'approbation du gouvernement, conserver provisoirement, et jusqu'à la nouvelle division de paroisses, les églises qui deviendront vacantes et qui seraient jugées nécessaires pour le culte.

Partant nous ordonnons à tous les tribunaux, chefs, gouverneurs et autres autorités tant civiles que militaires et ecclésiastiques, de quelque classe et dignité qu'elles soient, d'observer et faire observer, accomplir et exécuter la présente loi dans toutes ses parties.

Vous en êtes prévenu, pour que vous la fassiez imprimer, publier et exécuter.

Paraphé de la main du Roi.

A. D. Manuel Garcia Herberos.

N.º 272. — Lettre *du roi Ferdinand au roi de Naples, en réponse à celle où celui-ci lui faisait part des changemens politiques.*

(Moniteur du 11 octobre 1820.)

Mon très-cher frère, oncle et beau-père,

C'est avec tout l'intérêt que m'inspire ce qui concerne votre majesté, ainsi que le bonheur et la tranquillité des peuples soumis, par la Providence, à vos soins paternels, que j'ai reçu la lettre dans laquelle vous avez bien voulu me faire part des justes motifs qui vous ont déterminé à seconder le vœu unanime exprimé par votre peuple, d'adopter la Constitution de ma monarchie, sauf les modifications que la représentation nationale, réunie en parlement, croira convenables, afin de l'adapter aux circonstances de votre royaume. Etant persuadé que vos sentimens ont été dans tous les temps dirigés au bien-être de vos sujets et à la prospérité de vos Etats, j'ai acquis une nouvelle preuve de cette même conviction, et j'ai regardé cet événement comme une conséquence des vues paternelles de V. M., constamment dirigées vers un objet si éminent. Les intérêts de nos couronnes et ceux de nos peuples, se trouvant identifiés par le même système politique, comme ils le sont heureusement par les liens de la parenté qui m'unit à V. M., je me flatte que tout contribuera à faire mieux réussir et à étendre de plus en plus les rapports d'amitié qui subsistent entre les deux royaumes. Dans cette occasion, je renouvelle à V. M. les sentimens que je lui professe, et je prie Dieu d'accorder à V. M., mon très-cher frère, oncle et beau-père, une longue suite d'années, au gré de mes désirs.

Votre très-affectionné frère, neveu et gendre.

Signé, FERDINAND.

EVARISTE PEREZ DE CASTRO.

(125)

N.° 273. — Discours *du roi pour la clôture des Cortès* (1).

San Lorenzo , 7 novembre 1820.

(Moniteur du 21 novembre.)

Seigneurs députés , j'ai la satisfaction de témoigner aux Cortès tout le plaisir que me cause l'heureux résultat de la première période de leur session.

Pendant sa durée , j'ai eu souvent occasion d'apprécier et de reconnaître , comme je le dois , le zèle et la prudence de l'assemblée , dans ses travaux pour affermir la félicité publique et la dignité du trône inséparable de celle de la Nation. J'ai moi-même provoqué la prorogation de la session , conformément à la loi fondamentale , dans la persuasion que l'établissement de notre système politique demande à sa naissance plus de soins et plus de travaux , et que cette prorogation serait infiniment utile pour l'avancement des travaux des mois antérieurs.

Je suis très-reconnaissant de la générosité avec laquelle les Cortès ont pourvu aux dépenses ainsi qu'à l'éclat de ma maison et de la famille royale. Je ne puis non plus qu'applaudir à la franchise , à la loyauté qui ont présidé à la reconnaissance solennelle des obligations et charges de l'Etat, fixé les moyens nécessaires pour y faire face , et fondé ainsi les bases du crédit national et de notre prospérité future.

(1) Lu à la séance du 9 novembre, par le président des Cortès.

Ces travaux de votre sagesse, ainsi que ceux qui ont eu pour but d'organiser convenablement l'armée de terre et de mer, de faciliter la circulation de nos richesses territoriales, d'écarter les obstacles qui s'opposaient à l'établissement d'un plan de finances propre à concilier les intérêts du trésor et ceux du peuple, ont été l'objet de la constante application, de la sollicitude continuelle de l'assemblée, et lui ont assuré des titres à l'estime de toute l'Europe, ainsi qu'à la juste reconnaissance de la Nation.

Enfin, je me plais à déclarer que mon cœur a été pénétré de joie par la manière prudente dont les Cortès, alliant la générosité à l'indulgence, ont su cicatriser les plaies du royaume et effacer les traces des maux qui l'avaient déchiré, en ouvrant la porte de la réconciliation à l'erreur et à l'égarement, et en nous laissant la vive et douce espérance que, toujours guidées dans la suite de leurs travaux par d'aussi nobles sentimens, elles achèveront d'asseoir le régime constitutionnel sur les bases de la fraternité et de l'union entre tous les Espagnols.

Ainsi sera créée la solide puissance de la Nation et du gouvernement monarchique qui la régit ; et en même temps que se prépare l'amélioration de notre situation intérieure, nous acquérons des droits de plus en plus fondés à la considération des gouvernemens étrangers, qui tous continuent de me donner des preuves de leurs dispositions amicales. Aussi, chaque jour j'ai à me féliciter davantage de gouverner un peuple aussi estimable et aussi généreux.

J'ai coopéré à la glorieuse entreprise de sa régénération et aux louables efforts des Cortès, par l'usage des attributions de la prérogative royale ; j'ai ordonné les mesures nécessaires pour l'exécution des lois. Je suis convaincu que le temps donnera toute la force, toute la vigueur qui convient à nos institutions, et que nous verrons s'accroître progressivement le bien dont nous commençons à jouir.

J'aime à espérer que je pourrai exprimer la même opinion, confirmée par les résultats de l'expérience, devant les représentans de la Nation, quand, à la suite du repos dû à leur laborieuse carrière, ils seront appelés à continuer, dans une nouvelle session, les travaux qui restent imparfaits, et l'ouvrage si heureusement commencé de la félicité publique.

N.° 274. — **CIRCULAIRE** (1) *adressée par le Congrès de Troppau, au sujet des révolutions d'Espagne, de Portugal et de Naples.*

Novembre 1820.

(Annuaire histor., 1820, p. 688.)

Les révolutions d'Espagne, de Portugal et de Naples ne pouvaient pas manquer d'inquiéter les puissances qui ont combattu la révolution. Elles

(1) Cette note, quoique non officielle en la forme, paraît avoir été

dûrent sentir le besoin d'arrêter les nouveaux malheurs dont l'Europe est menacée. Les mêmes principes qui avaient uni les premières puissances du Continent pour délivrer le monde du despotisme militaire d'un homme sorti du sein de la révolution, devaient devenir efficaces contre la nouvelle puissance de la rébellion qui vient de se former (1).

Les monarques qui, dans ce même but, se sont assemblés à Troppau, osent espérer d'y réussir. Les traités qui ont rendu la paix à l'Europe et lient tous les Etats les uns aux autres, seront scrupuleusement suivis.

Les puissances ont sans doute le droit de prendre, d'un commun accord, des mesures (2) de prévoyance contre les états dont les changemens politiques produits par la rébellion, marchent hostilement (ne fût-ce que comme exemple) contre les gouvernemens légitimes (3) surtout lorsque cet esprit d'inquiétude se communique aux Etats voisins par des émissaires chargés de le propager. C'est pourquoi les monarques assemblés à Troppau se sont concertés sur les mesures convenables, et ont communiqué leurs desseins aux cours de Paris et de Londres, sur la manière de par-

---

rédigée d'autorité, et insérée dans les journaux allemands, comme le résultat de ce Congrès.

(1) Par le droit d'intervention armée.

(2) Défensives, oui; offensives, non. Autrement il n'y aurait plus d'indépendance pour les nations.

(3) Le pouvoir absolu n'est pas légitime.

venir au but désiré, soit par la médiation, soit par les armes. A ces causes, ils ont invité le roi de Naples de se rendre à Laybach, et d'y paraître en qualité de médiateur entre son peuple qu'on a égaré, et les autres Etats dont la tranquillité se trouve menacée. Ayant résolu de ne reconnaître aucun gouvernement produit par la rébellion, ils ne pouvaient conférer qu'avec le roi en personne.

Comme le système à suivre se fonde uniquement sur des traités existans, ils ne doutent point du consentement des cours de Paris et de Londres. Ce système n'a d'autre but que d'affermir l'alliance des puissances : il ne tend ni à faire des conquêtes, ni à porter la moindre atteinte à l'indépendance des autres Etats. On n'empêchera pas les améliorations sages et spontanées dans l'administration, mais on veut maintenir la tranquillité, préserver l'Europe du fléau de nouvelles révolutions, et les prévenir autant que possible.

N.º 275. — CIRCULAIRE *des cours d'Autriche, de Russie et de Prusse, réunies en Congrès.*

Troppau, 8 décembre 1820.

(Annuaire historique, 1821, p. 627.)

Instruites des bruits faux et extravagans que des malintentionnés ont répandus sur le but et les résultats des conférences de Troppau, et que des hommes crédules ont propagés, les cours alliées croient nécessaire de faire parvenir à leurs légations près les cours étrangères des éclaircissemens authentiques, pour les mettre en état de réfuter les erreurs et les opinions fausses qu'ont fait naître ces bruits. Le court aperçu ci-joint leur en fournit les moyens. Il n'est pas destiné à faire l'objet d'une communication dans les formes, mais elles peuvent en donner connaissance par les voies confidentielles. Elles concerteront les démarches à faire à cet égard avec les ministres des deux autres puissances alliées.

N.º 276. — COURT *aperçu des premiers résultats des conférences de Troppau.*

(Annuaire historique, 1821, p. 628.)

Les événemens qui ont eu lieu le 8 mars en Espagne, le 2 juillet à Naples, la catastrophe du Portugal, ont dû nécessairement faire naître un sentiment profond d'inquiétude et de chagrin dans ceux qui sont chargés de veiller à la tranquillité des États, mais en même temps leur faire sentir le besoin de se réunir pour délibérer en commun sur les moyens de prévenir tous les maux qui menaçaient de fondre sur l'Europe.

Il était naturel que ces sentimens fissent une vive impression sur les puissances qui avaient récemment étouffé la révolution, et qui la voyaient de nouveau relever la tête. Il n'était pas moins naturel que ces puissances, pour la combattre une troisième fois, eussent recours aux mêmes moyens dont elles avaient fait usage avec tant de succès dans cette lutte mémorable qui a délivré l'Europe d'un joug qu'elle a porté vingt ans.

Tout faisait espérer que cette alliance, formée dans les circonstances les plus critiques, couronnée du plus brillant succès, et affermie par les conventions de 1814, 1815 et 1818, de même qu'elle avait préparé, fondé et affermi la paix du monde, et qu'elle avait délivré le continent européen de la tyrannie militaire du représentant de la révolution, serait aussi capable de mettre un frein à une domination nouvelle, non moins tyrannique, non moins affreuse, celle de la révolte et du crime.

Tels ont été les motifs et le but de la réunion de Troppau : les premiers sont si évidens qu'ils n'ont pas besoin de développemens ; le dernier est si honorable et si salutaire, que les vœux de tous les gens de bien accompagneront sans doute les cours alliées dans la noble lice où elles vont entrer.

L'entreprise que leur imposent les plus saints engagemens est grande et difficile ; mais un heureux pressentiment leur fait espérer qu'en maintenant invariablement l'esprit de ces traités, auxquels l'Europe doit la paix et l'union entre tous ses états, elles parviendront à leur but.

Les puissances ont exercé un droit incontestable en s'occupant de prendre en commun des mesures de sûreté contre les Etats dans lesquels le renversement du gouvernement, opéré par la révolte, ne dût-il être considéré que comme un exemple dangereux, devait avoir par suite une attitude hostile contre toutes les constitutions et les gouvernemens légitimes. L'exercice de ce droit devenait d'une nécessité plus urgente encore, quand ceux qui s'étaient mis dans cette situation cherchaient à étendre sur leurs voisins, le malheur qu'ils s'étaient attiré eux-mêmes, et à propager autour d'eux la révolte et la confusion.

Une telle position, une pareille conduite, est une infraction évidente du pacte qui garantit à tous les gouvernemens européens, outre l'inviolabilité de leur territoire, la jouissance des rapports paisibles qui excluent tout empiétement réciproque sur leurs droits.

Ce fait incontestable est le point d'où sont parties les cours alliées. Les ministres, qui pouvaient être pourvus à Troppau même, d'instructions positives de la part de leurs monarques, se concertèrent en conséquence sur les règles de conduite à suivre relativement aux états dont le gouvernement avait été renversé par la violence, et sur les mesures pacifiques ou coërcitives qui pourraient ramener ces états dans le sein de l'alliance européenne, dans le cas où l'on en pourrait attendre une influence importante et salutaire; ils communiquèrent les résultats de leurs délibérations aux cours de Paris et de Londres, afin que celles-ci pussent les prendre en considération.

La révolution de Naples s'enracinant tous les jours de plus en plus, aucune ne pouvant menacer d'une manière plus imminente la tranquillité des Etats voisins, et n'étant dans le cas d'être attaquée aussi promptement et aussi immédiatement, on s'est convaincu de la nécessité de procéder à l'égard du royaume des Deux-Siciles d'après les principes ci-dessus énoncés.

Pour préparer, à cette fin, des mesures conciliatrices, les monarques réunis à Troppau ont résolu d'inviter le roi des Deux-Siciles à se réunir à eux à Laybach ; démarche dont le but était uniquement de délivrer S. M. de toute espèce de contrainte extérieure, et de constituer ce Monarque médiateur entre ses peuples égarés et les Etats dont ils menaçaient la tranquillité. Les monarques étant résolus de ne point reconnaître les gouvernemens formés par une révolte ouverte, ils ne pouvaient négocier qu'avec le roi en personne. Leurs ministres et leurs agens à Naples ont reçu des instructions en conséquence.

La France et l'Angleterre ont été invitées à prendre part à cette démarche, et l'on doit s'attendre qu'elles ne refuseront pas d'y accéder ; le principe sur lequel se fonde cette invitation étant parfaitement en harmonie avec les traités qu'elles ont accomplis, et offrant en outre une garantie des intentions les plus équitables et les plus pacifiques.

Ce système suivi de concert par la Prusse, l'Autriche et la Russie, n'a rien de nouveau ; il est basé sur les mêmes maximes qui ont servi de fondement aux conventions qui ont cimenté l'alliance des Etats européens. L'union intime entre les cours qui se trouvent au centre de cette confédération, ne peut que gagner par là en force et en durée. L'alliance s'affermira par les mêmes voies qu'ont suivies pour la former les puissances auxquelles elle doit son origine, et qui l'ont fait adopter peu à peu par toutes les autres qui se sont convaincues de ses avantages plus que jamais incontestables.

Du reste, il n'est pas nécessaire de prouver qu'aucune idée de conquête, ni aucune prétention de porter atteinte à l'indépendance des autres gouvernemens, dans leur administration intérieure, ni enfin le projet d'empêcher des améliorations sages, faites librement et compatibles avec le véritable intérêt des peuples, n'ont eu aucune part à la résolution des puissances. Elles ne désirent que de conserver et maintenir la paix, de délivrer l'Europe du fléau des révolutions, et de détourner ou d'abréger les maux qui naissent de la violation de tous les principes de l'ordre et de la morale.

A de telles conditions, ces puissances croient pouvoir compter, en récompense de leurs soins et de leurs efforts , sur les suffrages unanimes du monde.

N.° 277. — CIRCULAIRE *du cabinet britannique en réponse aux actes du Congrès de Laybach.*

Bureau des affaires étrangères, 19 janvier 1821.

(Annuaire histor., 1820, p. 689.)

Monsieur , je n'aurais pas jugé nécessaire de vous faire aucune communication , dans l'état actuel des discussions entamées à Troppau et transférées à Laybach, sans une circulaire adressée par les cours d'Autriche, de Prusse et de Russie à leurs légations respectives, et qui, si le gouvernement de S. M. ne s'expliquait à cet égard, pourrait donner lieu à des impressions très-erronées sur les sentimens précédens et actuels du gouvernement britannique. Il est donc devenu nécessaire de vous informer que le roi a jugé devoir refuser de prendre part aux mesures en question.

Ces mesures embrassent deux objets distincts : 1.° La fixation de certains principes généraux, destinés à régler à l'avenir la conduite politique des alliés, dans les cas qui y sont indiqués; 2.° le mode proposé d'agir d'après ce principe, relativement aux affaires actuelles de Naples.

Le système des mesures proposées sur le premier point, serait, s'il était l'objet d'une réciprocité d'action, diamétralement opposé aux lois fondamentales de la Grande-Bretagne. Mais , lors même que cette objection décisive n'existerait pas , le gouvernement britannique n'en jugerait pas moins que les principes qui servent de base à ces mesures ne peuvent être admis avec quelque sûreté, comme système de loi entre les Nations. Le gouvernement du roi pense que l'adoption de ces principes sanctionnerait inévitablement et pourrait amener par la suite , de la part de souverains moins bienveillans, une intervention dans les affaires intérieures des Etats, beaucoup plus fréquente et plus étendue que celle dont il est persuadé que les augustes personnages ont l'intention d'user, ou qui puisse se concilier avec l'intérêt général ou avec l'autorité réelle et la dignité de souverains indépendans. Le gouvernement de S. M. ne croit pas que , d'après les traités existans, les alliés aient le droit d'assurer aucuns pouvoirs généraux de cette espèce, et il ne croit pas davantage qu'ils puissent s'arroger des pouvoirs aussi extraordinaires, en vertu d'aucune nouvelle transaction diplomatique entre les cours alliées, sans s'attribuer une suprématie incompatible avec les droits d'autres Etats, ou même en acquérant ces pouvoirs du consentement spécial desdits Etats, sans introduire en Europe un système fédératif, oppresseur, et qui, non-seulement serait inefficace dans son objet, mais encore pourrait avoir les plus graves inconvéniens.

Quant à l'affaire particulière de Naples, le gou=

vernement britannique n'a pas hésité, dès le commencement, à exprimer fortement son improbation de la manière dont cette révolution s'est effectuée, et des circonstances dont elle paraissait avoir été accompagnée; mais en même temps, il déclara expressément aux différentes cours alliées qu'il ne croyait pas devoir, ni même pouvoir conseiller une intervention de la part de la Grande-Bretagne. Il admit, toutefois que d'autres Etats européens, et spécialement l'Autriche et les puissances italiennes, pouvaient juger que les circonstances étaient différentes relativement à eux, et il déclara que son intention n'était pas de préjuger la question, en ce qui pouvait les affecter, ni d'intervenir dans la marche que tels Etats pourraient juger convenable d'adopter pour leur propre sûreté; pourvu toutefois qu'ils fussent disposés à donner toutes les assurances raisonnables que leurs vues n'étaient ni dirigées vers des objets d'agrandissement, ni subversives du système territorial de l'Europe, tel qu'il a été établi par les derniers traités.

C'est sur ces principes que la conduite du gouvernement de S. M., relativement à la question de Naples, a été invariablement réglée dès le premier moment; et des copies des instructions successives envoyées aux autorités britanniques à Naples, pour leur servir de guide, ont été transmises de temps en temps aux gouvernemens alliés.

Quant à l'attente exprimée dans la circulaire en question, de l'assentiment des cours de Londres et de Paris, aux mesures générales dont l'adoption a été proposée, comme étant fondée sur les traités existans, le gouvernement britannique, fidèle à ses principes et à sa bonne foi, doit, en refusant un tel assentiment, protester contre toute interprétation de cette espèce, donnée aux traités en question.

Le gouvernement de S. M. n'a jamais pensé que ces traités imposassent de semblables obligations, et il a constamment, et d'une manière claire, nié cette proposition, tant dans le parlement que dans ses relations avec les gouvernemens alliés. On verra qu'il s'est toujours conduit à cet égard de la manière la plus explicite, si l'on se réfère aux délibérations de Paris en 1815; à celles qui ont précédé la conclusion du traité d'alliance, à Aix-la-Chapelle, en 1818, et subséquemment à certaines discussions qui ont eu lieu dans le cours de l'année dernière.

Après avoir écarté la fausse idée que le passage de la circulaire en question aurait pu accréditer, s'il eût été passé sous silence, et avoir énoncé en termes généraux le dissentiment du gouvernement de S. M., du principe général sur lequel la circulaire en question est fondée, il doit être clairement entendu qu'aucun gouvernement ne peut être plus disposé que le gouvernement britannique à maintenir le droit de tous Etats ou Etat, d'intervenir, lorsque sa sûreté immédiate ou ses intérêts essentiels seront sérieusement compromis par les transactions domestiques d'un autre Etat; mais comme le gouvernement du roi pense que l'usage d'un tel droit ne peut être justifié que par la nécessité la plus absolue, d'après laquelle il doit être réglé et limité, ledit gouvernement ne peut admettre que ce droit puisse recevoir une application générale et sans distinction, à tous les mouvemens révolutionnaires, sans avoir égard à leur influence immédiate sur quelques Etats ou Etat particulier, ou que l'on puisse en faire en perspective la base d'une alliance. Le gouvernement de S. M. considère ce droit comme une exception de la plus haute importance aux principes généraux, exception qui ne peut résulter que des circonstances du cas spécial; mais il considère que des exceptions de cette nature ne peuvent jamais, sans le plus grand danger, être réduites en règle, de manière à être incorporées dans la diplomatie ordinaire des Etats, ou dans les instituts de la loi des Nations. Comme il paraît que certains ministres des trois cours ont déjà communiqué cette circulaire aux cours auprès desquelles ils sont accrédités, je laisse à votre discrétion de faire une communication correspondante de la part de votre gouvernement, en réglant votre langage sur les principes consignés dans la présente dépêche. Toutefois, en faisant une telle communication , vous aurez soin de rendre justice, au nom du gouvernement, à la pureté d'intention qui a sans doute déterminé ces augustes cours à l'adoption de la marche et des mesures qu'elles suivent. Vous pouvez déclarer que la différence de sentiment qui règne sur cet objet entre elles et la cour de Londres, ne peut, en aucune manière, altérer la cordialité et l'harmonie de l'alliance, relativement à tout autre objet, ni diminuer son zèle pour l'exécution complète de tous ses engagemens existans.

N.° 278.—DÉPÊCHE *du ministre des affaires étrangères de S. M. l'empereur de toutes les Russies, à son ministre plénipotentiaire près la cour de Naples , contenant une déclaration de principes sur les affaires des Deux-Siciles.*

Laybach, 19 (31) janvier 1821.

(Annuaire histor., p. 692.)

Monsieur le comte, pour mettre Votre Excellence en état de bien connaître l'objet de l'importante commission que S. M. l'empereur vous confie par la présente, et que vous aurez à remplir, de concert avec le ministre de Prusse, le chargé d'affaires d'Autriche et celui de France, nous vous faisons connaître, monsieur le comte, les explications mutuelles qui , depuis l'arrivée du roi de Naples à Laybach , ont eu lieu entre ce monarque et les souverains alliés, ainsi que le résultat auquel ont conduit les délibérations de leurs plénipotentiaires au Congrès.

S. M. le roi de Naples, éminemment intéressé à connaître, dans toute leur étendue, les intentions des souverains alliés, relativement aux affaires de son royaume, a fait remettre, pour cet effet, à la conférence des plénipotentiaires, un message portant :

« Qu'ayant accepté avec intérêt l'invitation de ses augustes alliés, dans l'espérance de concilier le bien-être dont il désirait faire jouir ses peuples, avec le devoir que les monarques alliés pourraient être appelés à remplir envers leurs Etats et envers le Monde ; et dans l'espoir de faire disparaître, sous les auspices de la paix et de la concorde, les obstacles qui, depuis sept mois, ont isolé ses Etats de l'alliance européenne ; n'ayant pu se dissimuler l'impression désagréable que les derniers événemens arrivés dans son royaume avaient produits en Europe, et devant avec raison en craindre les conséquences ; ayant appris, avec la plus vive satisfaction, que les souverains alliés, fidèles aux principes de justice, de sagesse, de modération, qui les ont constamment guidés, n'avaient voulu prendre aucune mesure définitive, relativement aux affaires de Naples, avant d'avoir épuisé les moyens d'une réconciliation qu'ils préféreraient à tout autre moyen d'arriver au but pour lequel ils sont réunis, et le roi pouvant se flatter de faire valoir un titre aussi cher à son cœur, que celui de conciliateur en faveur de ses sujets ;

» S. M. était impatiente de se concerter avec ses alliés sur les moyens d'épargner à son pays les malheurs dont il le voyait menacé ; mais que, pour remplir, avec quelque espérance de succès, l'important devoir que S. M. s'était imposé, elle demandait, avant tout, à ses augustes alliés, de manifester sans réserve toutes leurs pensées, convaincue qu'elle était qu'ils ne manqueraient pas de donner au monde, dans cette occasion, une nouvelle preuve des sentimens élevés et des vues justes et éclairées qui forment la base de leur politique. »

Les plénipotentiaires des souverains alliés ont fait, à cette première ouverture, la réponse suivante :

« S. M. Sicilienne n'a pas pu ignorer les impressions désagréables produites par les événemens arrivés à Naples, depuis le 2 juillet, et les inquiétudes auxquelles ces mêmes événemens ont donné lieu. Il appartenait plus particulièrement aux plénipotentiaires des souverains alliés de faire connaître toute l'étendue de ces inquiétudes, par la gravité des causes qui les avaient fait connaître.

» Pour mettre cette observation dans tout son jour, et donner à S. M. pleine connaissance des considérations importantes qui ont motivé les déterminations adoptées par les souverains, il convient d'entrer dans les développemens suivans :

» La révolution de Naples porte en elle-même

un caractère trop alarmant , pour ne pas appeler l'attention des souverains. Ils doivent diriger leurs mesures d'après les maux dont cette révolution menace les Etats voisins. Les moyens employés par cette révolution , les principes hautement professés par ceux qui s'en déclarent les chefs, la marche qu'ils ont suivie, les résultats déjà connus , tout devait répandre l'épouvante dans les Etats d'Italie , et agir fortement sur les puissances , plus directement intéressées au repos de la Péninsule. Le gouvernement autrichien ne devait pas regarder avec indifférence une catastrophe , dont les conséquences incalculables , en bouleversant l'ordre et la paix de l'Italie , pouvaient compromettre les intérêts les plus précieux de l'Autriche , et menacer même sa propre sûreté. Fidèle au système qu'elle a invariablement suivi depuis sept ans , la cour de Vienne a cru , dans une circonstance aussi importante , remplir un devoir également imposé et par sa position et par ses engagemens, en invitant ses alliés à l'éclairer de leurs lumières , et à délibérer avec elle sur des questions dignes , sous tant de rapports, d'occuper sérieusement la pensée et la sollicitude de toutes les puissances.

» Cependant les cabinets, réunis à Troppau , n'ont pu considérer la révolution de Naples comme un événement absolument isolé : ils ont reconnu ce même esprit de trouble et de désordre qui désole le monde depuis long-temps , et qu'on a pu

croire comprimé par les salutaires effets d'une pacification générale, mais qui s'est bientôt et mal-
heureusement réveillé de nouveau dans plus d'un
Etat en Europe, et a reparu sous des formes moins
effrayantes , au premier aspect, que celles sous lés-
quelles il s'était antérieurement développé , mais
plus essentiellement dangereuses pour le maintien
de l'ordre social. Ces considérations ne peuvent
qu'imprimer, aux yeux des souverains, un caractère
singulièrement grave aux événemens arrivés dans
le royaume des Deux-Siciles , et ils sont demeurés
convaincus qu'en s'occupant, dans les vues les plus
justes et les plus légitimes , des moyens propres
à établir l'ordre dans ce royaume, ils travaillaient
en même temps dans l'intérêt général du repos
et du bonheur de l'Europe, et pour la durée de
cette paix, qui, après tant de désastres et tant
d'efforts , avait été finalement consolidée par les
transactions de Vienne, de Paris, et d'Aix-la-
Chapelle.

» En effet, la révolution de Naples a donné
au monde un exemple aussi instructif que déplorable, de ce que les nations ont à gagner lorsqu'elles cherchent les réformes politiques dans les
voies de la rébellion. Ourdie en secret par une
secte dont les maximes impies attaquent à-la-fois
la religion, la morale, et tous les liens sociaux,
exécutée par des soldats traîtres à leurs sermens,
consommée par la violence et les menaces, dirigée
contre les souverains légitimes, cette révolution

n'a pu produire que l'anarchie et le despotisme militaire qu'elle a renforcé, au lieu de l'affaiblir, en créant un régime monstrueux, incapable de servir de base à un gouvernement quel qu'il soit, incompatible avec tout ordre public et avec les premiers besoins de la société (1).

Les souverains alliés ne pouvant, dès le principe, se tromper sur les effets inévitables de ces funestes attentats, se décidèrent sur-le-champ à ne point admettre comme légal tout ce que la révolution et l'usurpation avaient prétendu établir dans le royaume de Naples, et cette mesure fut adoptée par la presque totalité des gouvernemens de l'Europe. Voyant d'un jour à l'autre se développer les résultats auxquels un pareil état de choses devait nécessairement conduire, les souverains alliés n'ont eu qu'à s'applaudir de leurs premières résolutions. Ni la soumission momentanée d'un peuple qui a pu cesser d'être fidèle, ni les sacrifices pénibles que le désir d'éviter les malheurs d'une guerre civile, et de prévenir des délits encore plus inexplicables, a dictés à S. M., n'ont pu induire les souverains en erreur sur le véritable caractère de ces événemens; ils se sont définitivement déterminés à ne reconnaître jamais une révolution produite par le crime, et qui, d'un moment à l'autre, pourrait troubler la paix

(1) Si cette opinion est fondée, les républiques ne doivent plus subsister en Europe; celles du Nouvean-Monde auront le droit de se coaliser pour renverser le système monarchique.

du monde, mais à réunir leurs efforts pour mettre un terme aux désordres aussi pernicieux pour les pays qu'ils frappent directement, que pleins de dangers pour tous les autres.

» Cependant, toujours éloignés de recourir aux mesures extrêmes pour obtenir ce qui pourrait être obtenu par des moyens infiniment plus analogues à leurs principes et à leurs vues, les souverains alliés se seraient sincèrement félicités, et se féliciteraient encore s'ils pouvaient, par la force de la raison, par les moyens de conciliation et de paix, atteindre un but auquel ils ne sauraient renoncer sans manquer à leur conscience et à leurs devoirs les plus sacrés. Animés de ces sentimens, ils ont invité S. M. le roi de Naples à prendre part à leurs délibérations, et à y concourir par tous les moyens que pourra lui inspirer le soin du bonheur de ses sujets et du repos de ses Etats. Les souverains se croiraient heureux de préparer ainsi à S. M. un titre de plus à l'amour et à la vénération de ses peuples, et ce serait certainement le plus grand bien qu'il leur aurait jamais fait, s'il parvenait à les éclairer sur les maux dont ils sont menacés, et sur les desseins de ceux qui, sans posséder aucun moyen de les préserver de ces maux, n'ont que le triste pouvoir de consommer leur ruine.

» Aussitôt que, par la suppression spontanée d'un régime condamné à périr sous le poids de ses propres vices, et qui ne peut prolonger son

existence qu'en augmentant incessamment les malheurs du pays, le royaume des Deux-Siciles sera
rentré dans ses relations anciennes et amicales
avec les Etats de l'Europe, et dans le sein de l'alliance générale dont il s'est séparé par sa position
actuelle, les souverains alliés n'auront plus qu'un
vœu à former, celui de voir S. M. le roi environné
des lumières et soutenu par le zèle des hommes
les plus probes et les plus sages entre ses sujets,
étouffant jusqu'au souvenir d'une époque désastreuse, établir pour l'avenir dans ses Etats un
ordre de choses portant en lui-même les garantics
de la stabilité, conforme aux vrais intérêts de ses
peuples et propre à rassurer les Etats voisins sur
leur sûreté et sur leur future tranquillité. »

A cette franche et sincère exposition des souverains alliés était jointe la déclaration suivante :

« Si, pour le malheur du royaume des Deux-
Siciles, cette dernière tentative restait infruc-
tueuse; si la voix de S. M. le roi n'était point
écoutée et s'il ne restait plus d'espoir de vaincre,
par les conseils de la sagesse et de la bienveillance,
les égaremens d'un fanatisme aveugle, ou les perfides suggestions de quelques hommes coupables,
il ne resterait plus aux souverains alliés qu'à
employer la force des armes pour mettre à effet
leurs déterminations invariables de faire cesser
l'état de choses que les événemens du mois de
juillet dernier ont produit dans le royaume des
Deux-Siciles. »

III.   10

S. M. Sicilienne a été en même temps invitée à faire connaître aux plénipotentiaires des souverains alliés les mesures qu'elle jugerait convenable de prendre pour prévenir les nouvelles calamités qui menacent ses royaumes, et pour seconder le vœu bien sincère des souverains de voir l'ordre et la paix rétablis, et ses sujets rentrés dans le sein de l'alliance européenne.

En conséquence de cette déclaration, S. M. a fait adresser à l'assemblée des plénipotentiaires, un nouveau message portant :

« Que, connaissant enfin dans toute leur extension les principes et les intentions des souverains alliés, relativement aux affaires de son royaume ; ne pouvant se faire aucune illusion, ni conserver aucun doute sur la position dans laquelle elle se trouve ; voyant que les souverains regardent l'état de choses, produit par les événemens du mois de juillet, dans le royaume des Deux-Siciles, comme incompatible avec la sûreté des pays voisins et avec la tranquillité générale de l'Europe, au maintien de laquelle ils se croient également obligés, et par leurs devoirs envers leurs sujets, et par des promesses solennelles ; connaissant leur invariable détermination de faire cesser cet état de choses, soit par les moyens de persuasion, soit par la force des armes, si cette dernière ressource devenait nécessaire ; instruite en outre par les délibérations qui ont eu lieu à Troppau, que les souverains ont adopté cette détermination après un mûr examen de toutes les questions d'un intérêt général qui s'y rapportaient, et que par conséquent ils ne s'engageraient plus dans des discussions qui auraient pour objet de leur faire adopter un point de vue entièrement différent; réunissant toutes ces considérations, S. M. devait nécessairement reconnaître l'inutilité ou plutôt l'impossibilité absolue d'une négociation fondée sur des bases irrévocablement rejetées par les souverains alliés; convaincue qu'elle chercherait en vain à dissimuler que le seul et dernier service qu'elle pouvait, dans ces circonstances, rendre à ses peuples, était celui de les préserver du fléau d'une guerre qui mettrait le comble aux malheurs dont ils sont accablés.

» Que, placé ainsi entre l'alternative de les abandonner à de nouvelles calamités, et la nécessité de les déterminer à renoncer, par une prompte et complète rétractation, aux changemens politiques qui ont eu lieu dans le royaume, depuis le 2 juillet, le roi ne pouvait hésiter un moment; qu'il était décidé à embrasser la seconde alternative, avec la conviction de pouvoir répondre à Dieu et à sa conscience du parti qu'il prenait dans une situation aussi difficile et aussi pénible, et encore avec la ferme persuasion que, quelle que puisse être l'issue de cette crise, ses augustes alliés, désirant eux-mêmes épuiser les mesures de conciliation pour éviter les mesures coërcitives ou en légitimer l'usage, ne lui refuseraient, dans aucun cas, ni leurs conseils ni leurs secours;

10.

» Que le roi pouvait se flatter encore que l'immense majorité de ses sujets ne serait pas sourde à sa voix paternelle, et qu'au lieu de se précipiter dans un abîme de dangers, elle lui confierait le soin de veiller à leurs intérêts, de les réconcilier avec leurs voisins et avec l'Europe, et de leur préparer un avenir plus heureux;

» Que, guidé par de si puissans motifs, le roi se proposait d'adresser à son fils, le duc de Calabre, une lettre par laquelle il lui ferait connaître sa propre position, les déterminations des souverains alliés, et les dangers auxquels le royaume serait inévitablement exposé, si on persistait à soutenir ce qui désormais ne pourrait conduire qu'aux plus fâcheuses extrémités; que, devant cette lettre se borner au langage simple et précis que l'urgence du moment et les circonstances dans lesquelles elle se trouvait, lui dicteraient à l'égard de son fils, S. M. espérait que ses augustes alliés seconderaient ses efforts en adressant à leurs agens diplomatiques à Naples, une instruction rédigée dans le même sens, et en leur fournissant toutes les informations dont ils pourraient faire usage, afin de coopérer au résultat heureux qui mettrait un terme aux peines de S. M. et aux souffrances de ses fidèles sujets (1). »

A la suite de ce message, le roi a donné com-

---

(1) Le roi de Naples se soumet par là à la force, mais ne reconnaît pas le droit des souverains de lui dicter des lois, ni le fait que le régime constitutionnel soit contraire, dans son essence, au bonheur du peuple.

munication de la lettre qu'il a écrite à S. A. R. le duc de Calabre ; Votre Excellence en trouvera ci-jointe une copie. S. M. a en même temps annoncé qu'elle jugeait utile, sous plusieurs rapports, d'appeler le duc de Gallo auprès de lui, afin que la conférence des plénipotentiaires lui fît connaître directement la détermination des souverains alliés qui a motivé la conduite du roi, et pour qu'il puisse en rendre compte au prince duc de Calabre. Les plénipotentiaires, ne voyant de leur côté aucun inconvénient à cette mesure, y ont consenti sans difficulté.

Tels ont été les résultats des communications qui ont eu lieu jusqu'ici par rapport aux affaires de Naples. Pour seconder autant qu'il est en vous la conduite du roi envers le prince son fils, nous vous invitons :

1.º A faire connaître et certifier à S. A. R. le prince duc de Calabre, que les déterminations des souverains alliés sont en tout conformes à la lettre qui lui a été écrite par le roi son père ;

2.º A déclarer qu'il appartient maintenant à S. A. R. de juger et d'apprécier, de faire juger et de faire apprécier par ceux qu'il admettra à ses conseils, d'une part, les avantages qu'un oubli spontané des événemens du 2 juillet, et des résultats qu'ils ont eus, offrirait au royaume des Deux-Siciles ; de l'autre, les calamités inévitables auxquelles ce royaume serait livré, s'il refusait d'obéir à la voix paternelle de son roi ;

3.° A représenter à S. A. R. combien il est urgent de prendre les moyens les plus prompts et les plus convenables pour faire cesser la situation affligeante dans laquelle se trouve le royaume, tant par les convulsions qui en agitent l'intérieur, que par les dangers qui le menacent du dehors.

Votre Excellence voudra bien communiquer la présente dépêche au prince duc de Calabre, en assurant S. A. R. que les souverains alliés réunissent sincèrement leurs vœux à ceux de son auguste père, pour que la conduite de S. M. produise le plus heureux effet, prévienne toute mesure de rigueur que les souverains n'adopteraient qu'avec un profond regret, et rétablisse le plus promptement possible l'ordre et la paix dans le royaume des Deux-Siciles.

N.° 279. — SECONDE *dépêche du même cabinet.*

Janvier, 1821.

(Annuaire histor., 1820, p. 697.)

Aux instructions que je transmets à V. Exc. dans ma principale dépêche de ce jour, se trouve jointe la traduction de la lettre que S. M. S. adresse à son auguste fils ; j'y joins l'explication sur la nature de la garantie à laquelle S. M. S. s'est vue dans l'obligation de consentir, parce qu'elle en a été requise par ses alliés, dans l'intérêt général de la Péninsule italienne. Ce gage indispensable de la tranquillité de l'Italie serait la présence temporaire d'une armée d'occupation , laquelle n'entrerait dans les états de S. M. qu'au nom des puissances décidées à ne pas laisser subsister plus long-temps à Naples un régime imposé par la rébellion , et attentatoire à la sûreté de tous les états voisins. Cette armée se trouverait sous les ordres du roi (1) ; l'occupation ne serait autre chose qu'une mesure transitoire et ne pourrait en aucun cas porter la moindre atteinte à l'indépendance politique du royaume des Deux-Siciles.

Vous pourrez avertir le prince duc de Calabre que vous êtes informé de la détermination prise sous ce rapport par les puissances alliées. Si S. A. R. vous engage à la rendre publique, vous vous conformerez à ses intentions, et vous pourrez , en ce cas, expliquer facilement la marche immédiate des troupes , et rassurer les esprits à Naples , en faisant connaître avec franchise le véritable but et le caractère de l'occupation. Cependant, si le prince duc de Calabre jugeait plus prudent de garder le silence sur cette garantie, V. Exc. suivrait fidèlement l'exemple de S. A. R.

Il me reste à vous prévenir que , d'après les explications qui ont eu lieu entre les cabinets alliés , aucune contribution de guerre ne sera imposée au royaume des Deux-Siciles , dans le cas où une improbation spontanée des événemens

(1) C'est-à-dire de la Sainte-Alliance, d'où il suit que l'indépendance des Deux-Siciles est suspendue.

des 2 et 6 juillet permettrait aux puissances alliées de ne pas recourir à la force des armes.

Dans l'hypothèse contraire, si la guerre éclatait, alors il serait impossible d'empêcher que le royaume n'en supportât toutes les conséquences.

Les dispositions susdites des alliés ajoutent encore à la responsabilité dont se chargeraient les hommes qui feraient peser sur leur patrie les conséquences d'une obstination aveugle. Vous êtes autorisé à informer le prince duc de Calabre de ce qui a été résolu à Laybach, relativement à la dispense ou à la nécessité d'une contribution de guerre. La connaissance de ces résolutions sera sans doute utile à S. A. R. pour présenter dans toute leur étendue les avantages qu'offre aux Napolitains la preuve de confiance que le roi leur demande. Il dépendra du prince de donner aux résolutions des puissances alliées sur cette proposition, une entière publicité, ou de les laisser ignorer, suivant que S. A. R. le trouvera plus conforme aux intérêts du roi et de ses peuples.

Cependant, comme il y a une grande différence entre rendre une mesure publique ou en convenir, si quelque Napolitain vous interroge, soit sur la question d'une occupation transitoire, soit sur les moyens d'épargner au pays une contribution de guerre, il serait indigne d'une politique royale de dissimuler, sous l'un ou l'autre rapport, les déterminations des puissances, et, dans cette supposition , V. Exc. n'hésiterait pas un instant à faire connaître la vérité.

Les dépêches expédiées à l'envoyé de Prusse, et au chargé d'affaires d'Autriche, sont conformes à la présente.

N.º 280. — DÉCLARATION *finale du Congrès de Laybach sur les révolutions.*

Laybach, 13 février 1821.

(Publiée à Vienne, Annuaire histor., 1820, p. 700.)

Après une longue suite d'orages politiques , le royaume de Naples fut rendu , en 1815 , par le secours des armes autrichiennes , au gouvernement paternel de son roi légitime (1). Les deux parties de la monarchie sicilienne , si long-temps séparées , se réunirent de nouveau , et les vœux de tous les amis du bien furent satisfaits par la perspective d'une paix durable.

Cependant , la dernière époque de la domination étrangère avait réveillé un ennemi intérieur, plus dangereux que tout autre , pour le repos de la péninsule italienne. Il existait dans le royaume de Naples, comme dans d'autres pays de l'Italie, une secte ténébreuse, dont les chefs secrets ne cessaient de méditer la destruction de tous les gouvernemens , comme premier pas vers l'exécution vaste du plan qui les occupait. Lorsque Murat , pour se soutenir sur un trône prêt à lui échapper , eut

------

(1) Cela n'a donné aucun droit à l'Autriche sur les Deux-Siciles ; autrement le roi ne serait qu'un feudataire.

conçu le projet téméraire de conquérir l'Italie, le désespoir l'engagea à appeler à son secours ces mêmes Carbonari, qu'il avait plus d'une fois combattus, et dont les coupables intrigues acquirent dès-lors un poids que, sans cette alliance inespérée, ils n'auraient peut-être jamais obtenu.

La vigilance du gouvernement royal, le zèle avec lequel il s'occupa à opérer des améliorations essentielles dans toutes les branches de l'administration, l'affection générale portée à un souverain, dont la bonté paternelle lui avait gagné les cœurs de ses sujets, firent échouer, pendant les premières années qui suivirent la restauration, toutes les entreprises de cette secte, et peut-être que, comme tant d'autres associations secrètes, elle serait insensiblement tombée dans l'impuissance et dans l'oubli, si les événemens dont le royaume d'Espagne fut le théâtre au commencement de l'année 1820, ne lui avaient fait prendre un nouvel essor. Depuis ce moment, elle redoubla d'audace, et, par l'effet contagieux du fanatisme qu'elle sut exciter, elle augmenta bientôt tellement en nombre et en influence, que les lois et l'autorité publique ne furent plus assez puissantes pour la réprimer. Elle répandit avec une activité infatigable, parmi toutes les classes d'une Nation, jusque-là tranquille et modérée dans ses vœux, un esprit de mécontentement et d'amertume, des dispositions hostiles contre le gouvernement, et le désir passionné des innovations politiques ; elle réussit enfin à corrompre une partie des militaires. Forte de ce moyen, le plus criminel de tous, la secte fit éclater la révolution, dans les premiers jours du mois de juillet.

Il n'est pas possible de donner un récit plus exact et plus authentique de cette explosion, que celui qui se trouve dans une dépêche circulaire, adressée par le nouveau ministre des affaires étrangères, le jour même qu'il était entré en fonctions, aux agens diplomatiques de Naples auprès des cours étrangères.

« Dans la nuit du 1.er au 2 (c'est ainsi que s'exprime textuellement cette dépêche), la plus grande partie du régiment de cavalerie Bourbon quitta ses quartiers à Nola ; et arbora un drapeau tricolore, avec l'inscription : *Vive la Constitution !* Les couleurs étaient celles de la secte des Carbonari, laquelle, depuis quelque temps, avait entretenu une fermentation dans le royaume, et demandait avec instance des formes constitutionnelles. Cette secte avait fait tant de prosélites dans l'armée de S. M., que les troupes chargées de ramener à l'ordre les déserteurs de Nola, firent cause commune avec eux. La désertion de ces troupes et de quelques régimens de la garnison de Naples, des mouvemens simultanés dans les provinces, l'insurrection enfin de quelques chefs du district, prouvèrent à S. M. que c'était le vœu du peuple d'obtenir un gouvernement constitutionnel. En conséquence, le roi a publié une proclamation, annonçant que, dans huit jours, il ferait connaître les bases d'une constitution, etc. »

Cette première victoire n'était que le prélude d'un attentat plus décisif.

Le lendemain, les chefs de la révolte forcèrent le monarque à proclamer la Constitution espagnole et, sans aucune autre mesure préparatoire, ils firent prêter à S. M., aux ministres, aux employés, aux troupes, un serment solennel à cette constitution, qu'au milieu du désordre et de la terreur, on déclara loi fondamentale du royaume.

En signant sa première promesse, le roi avait fait un grand sacrifice à l'agitation des esprits, et quoique S. M. ne pût point se dissimuler combien le projet de former une constitution en huit jours était irréfléchi et inexécutable, il lui resta au moins l'espoir de faire succéder à l'effervescence du moment des résolutions plus calmes et plus sages; mais tout changea de face, lorsqu'après cette première concession, on vint offrir, à l'acceptation immédiate du roi, un acte rédigé, huit ans plus tôt, dans un pays étranger, sous des auspices particulièrement difficiles et désastreux, acte que ni le roi, ni ses ministres, ni, à l'exception de quelques conspirateurs, aucun Napolitain ne connaissait que par des extraits de gazettes; et dont, au moment de sa proclamation, il n'existait pas même une traduction à Naples. Cette démarche portait trop ouvertement l'empreinte de son origine et des moyens criminels qui pouvaient seuls la faire réussir, pour que le moindre doute eût pu subsister sur la position du monarque et celle de l'Etat. Une pareille proposition, compromettant également la dignité du souverain et les destinées du pays, ne pouvait être arrachée à S. M. que par la violence ou par les menaces : il ne fallait rien moins que le désir d'empêcher les plus grands malheurs, et de prévenir les crimes les plus affreux, pour déterminer le roi à consentir momentanément à une mesure aussi funeste. Cette explication d'un événement inexplicable dans toute autre hypothèse se justifierait d'elle-même, si elle n'était pas d'ailleurs confirmée par des témoignages irréfragables.

Le grand coup frappé, et le pouvoir royal entièrement détruit, les chefs de la secte et leurs principaux associés dans les premières scènes de la révolte, s'emparèrent sur-le-champ de la domination exclusive. La résistance que le royaume des Deux-Siciles opposa à leurs entreprises arbitraires, fut étouffée dans le sang et dans les ruines; pour donner à leur usurpation une couleur de légalité, ils créèrent bientôt, sous le titre de parlement national, un instrument qui, dans l'espace de peu de mois, leur servit à renverser tous les droits existans et toutes les bases de l'ordre public, et moyennant lequel, sans autre pouvoir que celui de leur volonté arbitraire, ils remplacèrent les anciennes lois civiles et politiques des deux royaumes par des institutions inconnues, qu'aucune expérience n'avait sanctionnées, et qui n'étaient pas moins en contradiction avec le caractère qu'avec les besoins de la Nation.

Le roi ne pouvant pas regarder comme durable un état de choses aussi peu naturel, persuadé toutefois qu'une opposition intempestive, au lieu d'arrêter les progrès du mal, ne ferait qu'attirer de nouveaux dangers sur sa personne, sa famille et son pays, supporta avec résignation un sort cruel qu'il n'avait point mérité. Tous les hommes éclairés du pays, la plus grande partie même de ceux qui, séduits par le vain espoir d'un dénouement plus heureux, avaient d'abord favorisé la révolution, convaincus maintenant des effets pernicieux d'un régime que le parti dominateur, sans jamais examiner l'intérêt des pays, avait uniquement établi comme le plus convenable à ses vues particulières, étaient condamnés au silence. La masse du peuple, bientôt revenue d'un enthousiasme éphémère, affligée de voir ses espérances déçues, et découragée par un pressentiment vague des adversités qui la menaçaient dans l'avenir, attendait avec une inquiétude muette le développement final de la crise. C'est ainsi que s'explique ce calme apparent sous le voile duquel le parlement, impuissant lui-même, soumis aux volontés d'un petit nombre de despotes préparés à tous les attentats, conduisit le royaume vers une dissolution inévitable; calme qui n'empêcha pas d'ailleurs que l'anarchie la plus effrénée ne dévorât les derniers restes de la prospérité publique, et dont le vrai caractère ne pouvait être méconnu d'aucun gouvernement étranger.

Les événemens de Naples avaient produit une vive sensation dans toute l'Italie; une révolution, tramée par des fanatiques obscurs, et consommée par des soldats parjures, qui avaient pu, en peu de jours, priver un roi de sa puissance et de sa liberté, et plonger deux royaumes dans un abîme de désordres, devait par elle-même, et quel que fût son développement ultérieur, inspirer les plus sérieuses appréhensions à tous les gouvernemens voisins. Les maximes hautement proclamées par les auteurs de cette révolution, la facilité avec laquelle ils les faisaient circuler par des paroles et par des écrits dans toutes les parties de l'Italie; le récit journalier de leurs procédés; la confiance toujours croissante de leurs complices étrangers, tout était fait pour aggraver le poids de ces appréhensions. Aucun prince italien ne pouvait se cacher que la paix intérieure et la prospérité de ses états étaient également menacées par l'exemple et par les résultats d'un bouleversement qui attaquait jusqu'aux fondemens les plus profonds de l'édifice social.

L'empereur avait reconnu, dès le premier moment, que c'en était fait pour long-temps de l'ordre et de la tranquillité de l'Italie, si les chefs et les fauteurs d'une révolte que rien ne pouvait justifier, que rien ne pouvait excuser, allaient impunément sacrifier la monarchie sicilienne à leurs projets insensés. S. M. I., pénétrée de ce qu'elle devait à la conservation et à la sûreté de son empire, à la protection de ses peuples fidèles et heureux, à ses relations amicales avec les princes d'Italie, et à sa position dans le système politique de l'Europe, se hâta de prendre des mesures pour arrêter les progrès ultérieurs des désordres, et pour manifester en même temps sans réserve la marche qu'elle était décidée à suivre à l'égard de la révolution de Naples. Quelque pénible qu'il fût pour S. M. I. d'imposer à ses finances une charge imprévue et considérable, dans une époque où elle s'était flattée de pouvoir employer tous ses soins à des améliorations intérieures et où l'exécution constante des plans formés par l'administration promettait les plus heureux résultats, toute considération secondaire devait céder au plus sacré de ses devoirs.

Dans la situation où il se trouvait, le rassemblement d'un corps d'armée dans les provinces italiennes, était une mesure de la plus haute nécessité; elle fut reconnue telle par tout homme bien pensant, en Autriche et en Europe. L'effet salutaire que cette mesure a eu pour la tranquillité des états voisins; celui qu'elle a produit à Naples même, pour encourager les amis de l'ordre et pour dérouter ses ennemis, est aujourd'hui unanimement senti dans toute l'étendue de la péninsule italienne.

A la même époque, S. M. s'était rendue à Troppau, afin de délibérer avec ses augustes alliés sur une question de la plus haute importance, non-seulement pour l'Italie, non-seulement pour la monarchie autrichienne, mais pour le salut commun de l'Europe. Ces délibérations ne laissèrent heureusement aucun doute sur la manière dont toutes les cours alliées envisageraient l'origine et le caractère de la révolution de Naples, et les dangers dont elle menaçait d'autres Etats.

Quant aux résolutions qu'exigeait un pareil état de choses, si des considérations particulières d'un grand poids engagèrent le gouvernement britannique à ne pas partager celles des autres cours, et le cabinet de France à n'y accéder qu'avec des restrictions, l'empereur eut la satisfaction de se trouver entièrement d'accord sur toutes les questions avec les souverains de Russie et de Prusse, et de se convaincre en même temps que les différences de position et de marche entre les puissances de l'Europe n'en amèneraient aucune dans les bases de leur alliance et dans l'uniformité générale de leurs principes et de leurs vues.

Les souverains réunis à Troppau, décidés à ne pas reconnaître les changemens que la force ou la révolte avait opérés à Naples, et à faire cesser par des efforts communs les résultats de ces changemens, n'en étaient pas moins animés du plus

(1) Mais non avec la Grande-Bretagne ni la France.

<table><tr><td>III.</td><td>11</td></tr></table>

vif désir d'atteindre à ce but par des voies pacifiques, et avec tous les ménagemens dus à un pays déchiré déjà par tant de convulsions et de calamités. C'est dans cet esprit qu'ils invitèrent S. M. S. à se rendre à Laybach pour y délibérer avec eux sur la situation présente et future de son royaume. Cette invitation fut appuyée par S. M. le roi de France.

D'après un article de la loi étrangère qui doit régir le royaume des Deux-Siciles, le monarque ne peut dépasser les frontières de ses états sans le consentement du parlement.

Le roi regardant l'invitation des souverains comme un bienfait de la providence, se soumit à cette humiliante nécessité. Le parlement consentit; mais il attacha son consentement à une condition sur l'effet de laquelle les instigateurs de cette mesure ne pouvaient se faire aucune illusion, et qui détruisait d'avance les calculs et les vœux des hommes modérés. Le parlement, quoique entièrement au fait des principes des cabinets alliés, imposa au roi le mandat d'insister sur le maintien, sans modification, de la constitution établie aujourd'hui à Naples, et de mettre cette condition en avant comme seul objet et base unique de ses explications avec les puissances alliées. C'est sous de pareils auspices, et ne pouvant plus compter que sur la justice et la sagesse de ses augustes amis, que le roi de Naples se rendit à Laybach.

Dès son arrivée dans cette ville, S. M. eut lieu

de se convaincre qu'il serait absolument illusoire de vouloir fonder des propositions quelconques sur des bases irrévocablement rejetées par les souverains alliés : en effet, les monarques déclarèrent à S. M. qu'ils étaient fermement résolus de ne pas laisser subsister le régime qu'une faction sans titre et sans pouvoir, avait imposé au royaume des Deux-Siciles, par les moyens les plus criminels ; régime incompatible avec la sûreté des Etats voisins, et avec le maintien de la paix de l'Europe; que si cet état de choses ne pouvait finir, comme LL. MM. le désiraient sincèrement et vivement, par un désaveu spontané de la part de ceux qui exerçaient le pouvoir à Naples, il fallait avoir recours à la force des armes ; qu'aussitôt que, par l'un ou l'autre moyen, le grand obstacle à la paix aurait disparu pour Naples et pour l'Italie, les souverains regarderaient leur ouvrage comme accompli; que ce serait alors au roi seul, éclairé par les conseils des hommes les plus intègres et les plus instruits de son pays, à fonder, pour l'avenir, la force et la stabilité de son gouvernement, sur un régime juste et sage, conforme aux intérêts permanens des deux peuples réunis sous son sceptre, et offrant par là même à tous les États voisins, une garantie suffisante de leur sûreté et de leur repos.

Après ces déclarations aussi précieuses, le roi de Naples ne pouvait pas se dissimuler que toute autre question se trouvant irrévocablement écartée, il n'avait plus, comme père et protecteur de son peuple, qu'une seule tâche à remplir, celle de préserver la majorité loyale et bien intentionnée de ses sujets, des calamités et des dangers d'une guerre provoquée par l'aveugle obstination ou l'ambition coupable de quelques individus. C'est dans cette conviction que S. M. adressa à son fils, héritier présomptif de son trône, une lettre franche et paternelle, pour lui représenter la gravité des circonstances et la nécessité de faire tourner au salut du royaume tous les moyens qui se trouveraient à sa disposition (1).

Les paroles pacifiques du roi furent accompagnées d'instructions plus explicites données par les cabinets d'Autriche, de Russie et de Prusse à leurs agens diplomatiques à Naples, et les plénipotentiaires de S. M. le roi de France en adressèrent également au chargé d'affaires de leur souverain. L'effet de ces importantes démarches va décider de l'avenir prochain du royaume des Deux-Siciles.

Dans cette position des choses, l'armée destinée à accomplir les résolutions arrêtées à Laybach, a reçu l'ordre de passer le Pô et de se porter vers les frontières napolitaines. Il répugne à S. M. I. de supposer que cette armée puisse rencontrer une résistance sérieuse. Il n'y a que des ennemis du bien public, des partisans incurables d'un sys-

______

(1) C'est-à-dire que le roi a révoqué une parole donnée sous la foi du serment.

tème conduisant directement à la ruine de la monarchie sicilienne, qui puissent méconnaître ce que, dans les circonstances où cette monarchie se trouve placée aujourd'hui, le devoir envers son souverain et le salut de ses concitoyens prescrivent à tout guerrier loyal, comme à tout homme attaché à sa patrie.

La grande masse de la Nation, dévouée à son monarque, dégoûtée d'une liberté imaginaire qui ne lui a valu que la plus dure tyrannie, et fatiguée d'une existence inquiète et précaire, connaissant d'ailleurs depuis long-temps les sentimens justes et bienveillans dont l'empereur est animé, accueillera avec confiance ceux qui, au nom de S. M. I. et au nom de ses augustes alliés, viendront lui offrir paix, amitié et protection (1).

Si une aussi juste attente ne se réalisait pas, l'armée saurait surmonter les difficultés qui l'arrêteraient; et si, contre tous les calculs et contre les vœux les plus chers des monarques alliés, une entreprise formée dans les intentions les plus pures, et qu'aucun esprit hostile ne dirige, n'atteignait pas le but, ou si la résistance d'une faction implacable se prolongeait à une époque indéfinie, S. M. l'empereur de toutes les Russies, toujours fidèle à ses principes élevés, pénétré de la nécessité de lutter contre un mal aussi grave, et guidé par cette amitié noble et

____

(1) C'est provoquer les sujets d'un pays à la trahison et à l'insurrection; moyen réprouvé par le Droit des gens.

constante dont il vient de donner encore à l'empereur tant de gages précieux, ne tarderait pas à joindre ses forces militaires à celles de l'Autriche.

Dans l'ensemble des transactions qui viennent d'avoir lieu, les monarques alliés n'ont en vue que le salut des Etats qu'ils sont appelés à gouverner, et le repos du monde; c'est là tout le secret de leur politique. Aucune autre question n'a trouvé place dans les délibérations de leurs cabinets. L'inviolabilité de tous les droits établis, l'indépendance de tous les gouvernemens légitimes (1), l'intégrité de toutes leurs possessions, telles sont les bases dont leurs résolutions ne s'écarteront jamais.

Les monarques seraient au comble de leurs vœux, et amplement récompensés de leurs efforts s'il était possible d'assurer sur ces mêmes bases la tranquillité au sein des Etats, les droits des trônes, la vraie liberté et la prospérité des peuples, biens sans lesquels la paix extérieure elle-même ne saurait avoir ni prix, ni durée. Ils béniraient le moment où, affranchis de toute autre sollicitude, ils pourraient exclusivement consacrer au bonheur de leurs sujets tout ce que le ciel leur a conféré de moyens et de pouvoir.

---

(1) Lequel est *légitime*, d'un gouvernement où le Monarque est la loi vivante, et celui où il est le premier sujet de la loi?

N.° 281. — **NOTE** *confidentielle du Cabinet britannique aux Cours d'Autriche, de Prusse et de France, à l'occasion de la révolution d'Espagne.*

Mai 1820, communiqué, en avril 1823, au parlement britannique.

(Annuaire historique, 1822, p. 681.)

Comme on pouvait s'y attendre, les événemens qui ont eu lieu en Espagne ont excité, en se développant, la plus vive inquiétude en Europe.

Le cabinet anglais, dans cette occasion comme dans toutes les autres, est toujours prêt à discuter avec ses alliés, et il s'expliquera sans réserve sur cette grande question d'un intérêt commun; mais quant à la forme qu'il peut être prudent d'employer pour ces délibérations, il croit ne pouvoir trop tôt recommander le genre de discussion qui excitera le moins d'attention ou d'alarmes, ou qui pourra le moins provoquer la jalousie de la nation ou du gouvernement espagnol.

Dans ce dessein, il lui paraît convenable d'éviter soigneusement toute réunion des souverains, et de s'abstenir, au moins dans l'état actuel de la question, de charger une réunion ostensible de délibérer sur les affaires d'Espagne; il croit qu'il vaut mieux se restreindre à ces communications confidentielles entre cabinets, qui sont plus propres en elles-mêmes à rapprocher les idées, et faire adopter, autant que possible, les principes communs , que de hasarder une discussion dans une conférence ministérielle, qui , d'après les pouvoirs nécessairement limités des individus qui la composent, doit être toujours plus propre à l'exécution d'un projet déjà décidé, qu'à former un système de politique dans des circonstances difficiles et délicates. Il semble qu'il y a d'autant moins lieu à précipiter une démarche de cette nature, dans l'affaire dont il s'agit, que ; d'après tous les renseignemens qui nous parviennent, il n'existe pas d'ordre de choses en Espagne sur lequel on puisse délibérer : il n'y a pas encore de pouvoir établi, avec lequel les puissances étrangères puissent communiquer.

L'autorité du roi, pour le moment du moins, paraît détruite. On représente S. M., dans les dernières dépêches de Madrid, comme s'étant entièrement abandonnée aux événemens, comme accordant tout ce que demandent la Junte provisoire et les clubs.

L'autorité du gouvernement provisoire ne paraît pas s'étendre au-delà des deux Castilles ; et d'une partie de l'Andalousie. Les autorités locales prévalent dans les autres provinces, et l'on pense que toute démarche qui exposerait le roi au soupçon de nourrir le projet d'opérer une contre-révolution par des moyens intérieurs ou extérieurs, mettrait dans un très-grand danger sa sûreté personnelle.

Cette affaire importante ayant été envoyée au

duc de Wellington, et celui-ci l'ayant prise en considération , son *memorandum* accompagne cette minute. S. G., d'après son expérience sur les affaires d'Espagne, n'hésite pas à dire que, de toutes les nations de l'Europe, la nation espagnole est celle qui souffrira le moins une intervention étrangère. Il rapporte les différentes circonstances dans lesquelles, pendant la dernière guerre, ce trait particulier du caractère national a rendu la Nation aveugle aux considérations les plus pressantes du salut public. Il annonce le danger imminent que doit faire courir au roi le soupçon d'une intervention armée, et surtout de la part de la France. Il décrit toutes les difficultés qui s'opposeraient à une opération militaire en Espagne, entreprise dans le dessein d'obliger la Nation, par la force, à se soumettre à un ordre de choses suggéré ou prescrit par le dehors.

Pour prouver l'exactitude de cette opinion, sir Henry Wellesley a fait connaître l'alarme produite à Madrid, par la mission projetée de M. de Latour-du-Pin ; le tort que, d'après l'opinion de tous les ministres étrangers dans cette capitale, elle devait faire aux intérêts et à la sûreté du roi ; les démarches que le roi avait le projet de faire pour chercher à empêcher le ministre français de continuer son voyage, lorsqu'on reçut de Paris la nouvelle qu'on avait abandonné la mission.

Ainsi, dans tous les cas, et jusqu'à ce que quelque autorité centrale s'établisse en Espagne, toute idée d'influence sur les Conseils paraît tout-à-fait impraticable , et ne devoir conduire à d'autres résultats qu'à compromettre le roi ou les alliés, ou peut-être les uns et les autres.

L'état actuel de l'Espagne , ajoute sans doute considérablement à l'agitation politique de l'Europe; mais il faut avouer cependant qu'il n'y a pas de partie de l'Europe d'une égale grandeur, où une révolution puisse arriver sans menacer aussi peu les autres états de ce danger direct et imminent, qui a toujours été regardé, du moins en Angleterre , comme constituant seul cette circonstance qui justifie une intervention extérieure.

Si la circonstance n'est pas telle qu'elle puisse justifier une intervention , si nous ne sentons pas que nous ayons à présent le droit ou les moyens d'intervenir efficacement par la force; si l'apparence de cette intervention doit plutôt irriter qu'intimider, et si nous avons prouvé, par l'expérience, qu'un gouvernement espagnol, qu'il soit composé par le roi où par les Cortès, est très-peu disposé à écouter les avis des Etats étrangers , n'est-il pas prudent au moins de nous arrêter avant de prendre une attitude qui semblerait nous engager, aux yeux de l'Europe, à une conduite décisive? Avant de nous embarquer dans une telle affaire, n'est-il pas nécessaire au moins de savoir avec quelque précision ce que nous voulons faire ? Ce système de politique , modéré et circonspect , si convenable à l'occasion et à la position critique dans laquelle le roi est personnellement placé, ne nous enchaînera en aucune manière, si jamais il faut agir.

Cependant les puissances alliées peuvent, comme Etats indépendans, exciter, par l'intermédiaire de leurs légations respectives à Madrid, une crainte salutaire sur les conséquences qui pourraient résulter de toute violence faite à la personne ou à la famille du roi, ou de toute mesure hostile dirigée contre les Etats portugais en Europe, que l'Angleterre s'est engagée par un traité spécial à protéger. Mais il faudrait agir avec la plus grande circonspection en suggérant cet avis; et quoiqu'on doive présumer que les intentions et les vœux de toutes les Nations alliées sont essentiellement les mêmes; que les sentimens qu'elles pourraient manifester ne différeraient pas matériellement, et il ne s'ensuit pas qu'elles dussent parler sous leur caractère commun, ou par un organe commun; ces deux expédiens seraient plutôt propres à offenser, qu'à concilier et à convaincre.

D'après les principes qui dominent, et d'après cette circonstance que tant d'Etats de l'Europe s'occupent maintenant de la tâche difficile de réformer leurs gouvernemens sur le principe représentatif, il ne peut y avoir de doute sur le danger général qui menace plus ou moins tous les gouvernemens existans; mais il serait aussi dangereux d'avancer, qu'il serait impossible de réaliser l'idée de revoir, de limiter et de régulariser la marche de ces expériences par des forces ou des conseils étrangers ; et nous ne devons pas encourager, dans nos relations avec nos alliés, l'illusion qui règne trop à ce sujet.

On ne peut nier qu'il ne puisse résulter de ces expériences des circonstances directement menaçantes pour le salut des autres Etats, et les alliés doivent, par prudence, être sur leurs gardes contre un pareil danger bien connu ; mais tel n'est pas l'état des choses actuelles. Quelque terrible que soit l'exemple que nous fournit l'Espagne, d'une armée en révolte et d'un roi qui prête serment à une Constitution qui contient à peine dans sa forme, l'apparence d'une monarchie ; il n'y a pas lieu de craindre que l'Europe soit promptement mise en danger par les armées espagnoles.

Dans cette alliance, comme dans toutes les autres affaires humaines, rien ne peut plus nuire à son autorité réelle et même la détruire, que la tentative d'étendre ses devoirs et ses obligations au-delà de la sphère que lui prescrivent l'idée première et ses principes reconnus ; c'était une union formée pour la conquête et la délivrance d'une partie du Continent européen du pouvoir militaire de la France. Ayant vaincu ce conquérant, elle a pris sous sa protection l'état des choses tel qu'il a été établi par la paix ; mais elle n'a jamais été destinée à devenir une *union* pour le gouvernement du monde, ou l'inspection des affaires intérieures des autres Etats.

On nous trouvera toujours à notre place, quand un danger réel menacera l'Europe ; mais l'Angleterre ne peut ni ne veut agir d'après les principes de précaution abstraits et spéculatifs. L'alliance qui existe n'avait pas ce but dans l'origine ; elle n'a jamais été ainsi expliquée au parlement : et si elle eût été entendue de cette manière, il est certain que le parlement ne lui aurait jamais donné sa sanction. Ce serait maintenant une violation de la foi, si les ministres de la couronne admettaient une interprétation, ou s'ils se laissaient entraîner dans des mesures incompatibles avec les principes qu'ils ont avoués dans les temps, et qu'ils ont depuis soutenus constamment en Angleterre et dans les pays étrangers.

Instructions remises au marquis de Wellington, le 15 septembre 1822.

Quant à l'Espagne, il ne paraît pas qu'il y ait rien à ajouter ou à changer dans le système politique suivi jusqu'à ce jour. La sollicitude pour le salut de la famille royale, l'observation de nos engagemens avec le Portugal, et une non-intervention constante dans les affaires intérieures de ce pays, doivent être regardées comme formant la base de la politique de S. M.

N.º 282. — D**ISCOURS** *prononcé par M. Muñoz Torrero, président de la députation permanente des Cortès espagnoles.*

Madrid, 16 février 1821.

En ce jour, aussi désiré de tous les bons Espagnols que redouté des ennemis de l'ordre et de la gloire de notre Nation, nous, membres ayant l'honneur de composer la députation permanente, éprouvons les sentimens de la plus profonde reconnaissance envers la divine providence qui nous accorde sa protection irrésistible, et de la plus vive allégresse en nous voyant réunis à nos illustres compagnons pour continuer à remplir les importantes obligations que nous imposent les fonctions de députés de la grande Nation espagnole.

La députation permanente, au milieu des agitations imprévues que le génie du mal a suscitées pour troubler la tranquillité publique, n'a négligé aucun moyen dicté par son zèle et son patriotisme pour contribuer au maintien de l'ordre, suivant toujours d'un pas ferme la route constitutionnelle, n'ayant usé d'aucun autre pouvoir que de celui que lui donnait la Constitution, et sans avoir recours à aucune mesure extraordinaire, trompant par là l'espoir coupable des agens secrets de nos envieux et de nos ennemis.

Les résultats de notre constance, de l'activité du gouvernement et de l'ardent patriotisme des

illustres habitans de cette capitale et de sa vaillante garnison ont été d'autant plus heureux qu'ils
ont été contraires aux prédictions et aux perfides
desseins de nos ennemis, et ont réchauffé de
plus en plus l'amour de la patrie dans les cœurs
espagnols.

Nous nous félicitons cordialement de voir, en
dépit des méchans, la représentation nationale
réunie, et tous les membres qui la composent
animés du meilleur esprit et du zèle le plus pur
pour le bien public.

Nous allons commencer une nouvelle carrière
encore plus épineuse que la précédente, et nous
tâcherons de satisfaire, par nos actes, les espérances
de tous les bons Espagnols qui savent apprécier
leur dignité et l'avantage de vivre sous un gouvernement constitutionnel.

Des mesures énergiques sont rigoureusement
exigées par les circonstances où se trouvent aujourd'hui la Nation espagnole et l'Europe toute
entière. Mais rien ne paraîtra au-dessus du zèle
éclairé et prudent des représentans espagnols,
dont le but unique séra d'assurer le salut et la
prospérité de notre chère patrie.

N.º 283. — Discours *du roi d'Espagne à l'ouverture de la session ordinaire des Cortès.*

Madrid, 1.er mars 1821.

(Annuaire historique, 1821 ; p. 665.)

Messieurs les députés, en me voyant, pour

la seconde fois, environné des dignes représentans de cette Nation héroïque, qui a donné de si grandes et de si éclatantes preuves de son amour et de son dévouement à ma royale personne, mon cœur ému ne peut que remercier le Tout-Puissant qui, m'ayant placé sur le trône de mes ancêtres, par la valeur de mes fidèles sujets, a daigné le consolider, en lui donnant pour base la Constitution sanctionnée par les Cortès extraordinaires, que, conformément au vœu de la Nation, j'ai jurée spontanément.

Le bonheur des peuples que la divine providence a commis à mes soins, et qui a été constamment l'objet de mes plus tendres sollicitudes, a été l'unique motif qui m'a porté à l'adoption d'un système que la Nation désirait, et qui était d'ailleurs réclamé impérieusement par les lumières du siècle.

Les effets ont répondu à mes espérances, et j'ai vu, avec une joie inexprimable, la loyauté espagnole, fermement attachée au trône de son roi, éclater partout de la manière la moins équivoque. Son dévouement prononcé aux nouvelles institutions qui, devant fonder sa future grandeur et sa prospérité, sont en même temps la meilleure sauve-garde du trône et le plus sûr garant de l'éclat et de la splendeur de ma couronne ; les mesures sages et judicieuses que, dans la dernière session, ont prises les Cortès pour revivifier une Nation presque défaillante, à force de sacrifices , pour soulager le peuple du fardeau énorme qui pesait sur lui, pour faire naître le crédit public, pour faire fleurir l'industrie, et faire prospérer ses différentes branches ; surtout l'admirable modération , l'esprit de paix et d'unité qui ont régné dans tous leurs conseils , sont la preuve du respect et de l'amour qu'ils portent à ma royale personne , et ont rempli mon cœur de la joie la plus pure.

Je sais que , malgré tant d'efforts , les plaies de la Nation ont besoin du secours du temps pour se cicatriser. Les désordres et les bouleversemens qu'a occasionnés la guerre ; les malheurs dont elle a été accompagnée ; la perte de beaucoup de capitaux ; la confusion que produisent les différens usages et coutumes des provinces , et un mode d'administration vicieux et compliqué ; ces obstacles et le besoin de subvenir sans retard aux dépenses urgentes de l'Etat , n'ont pas permis encore d'établir, comme je l'aurais désiré, un système de finances uniforme et analogue aux nouvelles institutions qui nous régissent. J'espère que les Cortès, dans la session actuelle, porteront toute leur attention sur un objet aussi important. La perfection d'un semblable système ne peut être que l'ouvrage du temps , et , pour l'obtenir, les Cortès doivent compter sur ma ferme et invariable volonté, comme je compte sur leur fidèle assistance et coopération.

Le ministre des finances présentera en temps opportun le budget des dépenses de la prochaine

III.   12

année financière ; ceux de la guerre et de la marine, feront connaître le besoin de mettre l'armée sur le pied où elle doit être dans les circonstances actuelles, et les soins que réclame impérieusement la décadence de notre marine nationale.

En attendant, j'ai la consolation de faire connaître aux Cortès l'activité générale que l'on commence à remarquer dans toutes les provinces de la monarchie, et qui nous annonce pour l'avenir un état plus prospère par les améliorations progressives de l'agriculture, des arts et du commerce. Notre crédit commence à se consolider chez l'étranger, et il en sera de même dans l'intérieur, lorsque les puissans moyens qu'a à sa disposition, une Nation gouvernée par un roi constitutionnel et par un système représentatif, se seront développés dans toute leur étendue.

Si l'état actuel de l'Amérique n'a pas changé relativement à nous, la guerre a au moins suspendu ses ravages sur la côte ferme, et l'effet que doivent produire, dans ces contrées, les grands événemens de la Péninsule, nous font espérer de les voir réunies à la mère-patrie, comme faisant une partie intégrale d'un même empire.

Il ne faut pas cependant se le dissimuler, au milieu de la satisfaction que doivent nous causer les effets salutaires que commence à produire le régime constitutionnel, et malgré l'adhésion de toute la Nation, et sa disposition décidée à le soutenir, les tentatives de quelques mécontens appuyés par les illusions de ceux qui nourrissent un espoir chimérique et criminel, ont troublé momentanément la tranquillité de quelques provinces et de la capitale, et remplissent mon cœur de la plus profonde affliction.

J'espère que les Cortès, fidèles à leur devoir, se convaincront du besoin absolu de prendre de promptes mesures pour mettre un frein à l'audace de ceux qui, plutôt stimulés que contenus par la modération de notre système, osent s'armer contre lui, et qu'elles donneront en même temps, au gouvernement, la force qu'exigent de pareilles circonstances, pour maintenir la tranquillité publique, sans laquelle il est impossible de guérir les maux qui affectent la Nation depuis tant de siècles.

Quant à l'état de nos relations avec les autres puissances, il est toujours le même, et nos rapports d'amitié et de bonne harmonie avec elles n'ont souffert aucune altération depuis la dernière session.

La ratification qu'en vertu de l'autorisation des Cortès, j'ai cru convenable de donner au traité de la cession des Florides et à la démarcation de nos limites avec les Etats-Unis d'Amérique, doit être, depuis quelque temps, entre les mains de ce gouvernement, quoique je n'en aie reçu encore aucune nouvelle.

La résolution prise par le Congrès de Troppau, qui a été continué, dans celui de Laybach, par les souverains d'Autriche, de Prusse et de Russie, d'intervenir dans le changement du régime politique arrivé dans le royaume des Deux-Siciles, a excité toute ma sollicitude, par ma considération pour la royale famille de ce royaume, unie à la mienne par les liens du sang, par l'intérêt que je prends au bonheur de ce pays, et parce qu'il importe à l'indépendance de tous les Etats que les droits des Nations et des princes soient religieusement respectés, et j'ai cru indispensable à l'honneur de mon trône et à la dignité du grand peuple que je me fais gloire de gouverner, de déclarer, par les communications convenables, que je ne reconnaîtrai rien qui soit contraire aux principes du droit positif des gens, sur lequel reposent la liberté, l'indépendance et la prospérité des Nations, principes que l'Espagne respectera inviolablement envers les autres.

J'ai la satisfaction de faire connaître aux Cortès que les souverains alliés, suivant toutes les communications que j'en ai reçues jusqu'à présent, ont été d'accord pour reconnaître ces principes, relativement à l'Espagne (1).

Tels sont les objets que j'espère que les Cortès prendront en considération; pour que le système constitutionnel puisse se consolider, et, pour accélérer avec lui le bien-être et la prospérité de la Nation.

J'ai dit jusqu'à présent ce qui convenait pour

(1) Voyez les actes du Congrès de Vérone.

éclairer les Cortès sur la situation politique actuelle de la Nation, dans toutes ses relations extérieures et intérieures, quoiqu'avec la précision à laquelle je suis forcé par les circonstances de cet acte solennel, et je lui ai donné toutes les notions que j'ai moi-même sur les différentes parties qu'embrasse mon discours.

J'ai volontairement remis, à la fin de ce discours, à parler de ma personne, pour que l'on ne puisse pas croire que je la préfère au bonheur du peuple que la providence a confié à mes soins (1).

Il faut cependant, quoiqu'avec douleur, que je fasse part, à ce sage Congrès, des notions que j'ai sur les projets de quelques malveillans, qui tâchent de séduire les personnes sans expérience, et de leur persuader que mon cœur renferme des vues opposées au système qui nous gouverne, et dont le but n'est autre chose que celui d'inspirer de la méfiance sur la pureté de mes intentions. J'ai prêté serment à la Constitution, et j'ai tâché de l'observer autant qu'il a dépendu de moi. Plût à Dieu que chacun en fît autant ! Les outrages de plusieurs espèces commis contre ma dignité, contre le bon ordre et contre le respect qui m'est dû, comme roi constitutionnel, ont été publics.

Je ne crains ni pour ma sûreté, ni pour mon existence : Dieu, qui voit mon cœur, veille sur l'un et sur

---

(1) Cette partie du discours du roi ne fut point contresignée par les ministres, qui tous, à l'exception d'un seul, reçurent leur démission le soir.

l'autre, conjointement avec la plus grande et la plus saine partie de la Nation ; mais je ne dois pas taire aujourd'hui au Congrès, comme étant principalement chargé par elle de la conservation de l'inviolabilité dont elle veut que jouisse son roi constitutionnel, que ces insultes ne seraient pas répétées, si le pouvoir exécutif avait toute l'énergie que la Constitution demande, et que les Cortès désirent. Le peu de fermeté et d'activité de plusieurs autorités a donné lieu au renouvellement de coupables excès, et l'on devrait peu s'étonner, s'ils continuaient, que la Nation espagnole se trouvât accablée de malheurs innombrables. J'espère qu'il n'en sera pas ainsi, si les Cortès, comme j'ai lieu de l'attendre, unies intimement à leur roi constitutionnel, s'occupent incessamment de remédier aux abus, de réunir les opinions, et de réprimer les machinations des malveillans, qui ne veulent que la désunion et l'anarchie.

Coopérons donc, le pouvoir législatif et moi réunis, ainsi que je le promets à la face de toute la Nation, à consolider le système qu'elle a désiré et qu'elle a acquis pour sa gloire et sa félicité.

N.º 284. — ADRESSE *des Cortès en réponse au discours du roi d'Espagne.*

Madrid, 4 mars 1821.

(Moniteur du 20.)

Sire, les Cortès ont vu avec le plus grand plaisir que la seconde fois que V. M. a daigné se présenter dans son sein, elle a ratifié son union avec les re-présentans de cette nation héroïque, et qu'elle a réitéré la protestation solennelle qui déclare que le bonheur des peuples confiés à ses soins par la providence, fut l'unique mobile qui guida la ré-solution spontanée de V. M. pour l'adoption d'un système que la Nation désirait, et que les lumières du siècle dans lequel nous vivons exigeaient impé-rieusement.

Combien il a été agréable aux Cortès d'entendre de la bouche même de V. M. la satisfaction qui règne dans son âme royale en voyant la fidélité de ses sujets, et son adhésion décidée aux nouvelles institutions, proclamant à la face de l'univers que ces institutions sont la base de la future prospé-rité du royaume, la meilleure sauve-garde du trône, et l'éclat le plus brillant de la couronne!

V. M. a donné aux Cortès le plus honorable témoignage du prix que leur ont mérité leurs travaux durant la dernière session, et du plaisir que lui ont fait les démonstrations de leur amour et de leur respect pour l'auguste personne de V. M.

Les Cortès résolues à achever leur ouvrage, s'occuperont, d'accord avec le gouvernement de V. M., à établir, comme elles l'ont déjà annoncé dans la session de l'année dernière, un plan géné-ral de finance qui embrasse en même temps le système des contributions et celui de son admi-nistration.

Elles suivront, sur ces deux points, les principes les plus saints et les. plus convenables, et tâcheront de concilier les intérêts des peuples avec le mode le plus sûr et le plus solide de couvrir les dépenses et les besoins de l'Etat.

Sur ce travail si important s'élevera l'édifice de notre crédit, qui commence déjà à se consolider chez les étrangers, en proportionnant les moyens de remplir religieusement nos engagemens avec la ponctualité et la bonne foi qui caractérisent la Nation espagnole.

Les moyens d'y parvenir sont la vente des biens fonds appliqués à l'extinction de la dette publique, et l'activité avec laquelle on y pourvoira. Non-seulement notre crédit s'améliorera progressivement, mais il aura pour résultat de libérer la Nation de la charge de sa dette publique, par les richesses nationales qui s'augmentent au moyen de la répartition de ces biens exploités maintenant par des mains laborieuses. Les Cortès fixeront leur attention particulière sur un sujet aussi important. Elles espèrent que le résultat de leurs efforts répondra à l'attente et aux vœux de la Nation.

Les Cortès examineront, comme elles y sont obligées, l'état des dépenses présenté par le ministre des finances; elles voteront et accorderont les subsides nécessaires pour maintenir sur un pied respectable les forces de la nation de terre et de mer; elles signaleront les augmentations dans l'armée qu'exigent les circonstances et la sûreté de l'Etat.

La suspension des malheurs de la guerre en Amérique, due nécessairement au rétablissement de notre loi fondamentale, opérera de salutaires effets qui devront se faire sentir outre-mer. Tous ces motifs d'espérances doivent détruire en partie l'affliction dont le cœur de V. M. est rempli, et rendre nulles les tentatives de quelques malveillans qui, se berçant d'illusions chimériques et criminelles, ont troublé un moment la tranquillité de quelques provinces, et même celle de la capitale. V. M. espère avec raison que les Cortès seront pénétrées de la nécessité indispensable de prendre de promptes et d'énergiques mesures pour réprimer l'audace de ceux qui, abusant de notre indulgence et de la douceur de notre gouvernement, osent de nouveau troubler l'ordre public.

Les Cortès, depuis le premier moment de leurs délibérations, ont prouvé qu'elles étaient disposées à hâter l'accomplissement d'aussi justes desseins par tous les moyens qui sont en leur pouvoir. L'action du gouvernement, rendue vigoureuse, assurera la tranquillité publique, et les maux dont la Nation est affligée depuis tant de siècles, ainsi que le dit V. M., auront un terme prochain.

Les Cortès ont appris avec la plus vive satisfaction l'accord qui existe entre nous et nos voisins; accord qui, nous l'espérons, subsistera sans altération.

Tels sont en ce point les sentimens des Cortès. Leurs désirs sont que les stipulations faites avec les autres puissances soient fidèlement respectées ; aussi n'ont-elles pas hésité à autoriser le gouvernement de V. M. à ratifier le traité de cession des Florides, et le réglement des limites avec les Etats-Unis d'Amérique, conclu avant le rétablissement du système constitutionnel.

Les Cortès ne peuvent que rendre hommage à ce que la prudente vigilance du gouvernement de V. M., et les moyens pris de concert avec le roi des Pays-Bas, ont obtenu pour notre commerce la protection convenable contre les intentions hostiles de la régence d'Alger.

Il était juste et naturel que les changemens politiques arrivés dans le royaume des Deux-Siciles, et l'intervention que prétendent exercer à cet égard les souverains d'Autriche, de Russie et de Prusse, excitassent la sollicitude de V. M. Les liens du sang qui unissent cette royale famille avec celle de V. M., et le droit incontestable qu'ont toutes les Nations d'améliorer leurs institutions, sont des motifs assez puissans pour que l'Espagne voie avec le plus vif intérêt un événement si grave et d'une si haute importance. Les Cortès croient digne de V. M. et de la grande Nation qu'elle gouverne, la résolution qu'elle a prise de ne rien reconnaître qui soit contraire aux principes du droit des gens, dans lesquels réside l'indépendance des Nations, et que la Nation espagnole respectera inviolablement à l'égard des autres. Elle s'était félicitée, au reste, avec V. M., de ce que les souverains alliés eussent manifesté jusqu'alors, dans toutes leurs communications, qu'ils reconnaissent ces principes relativement à l'Espagne. Cette reconnaissance a été faite d'une manière claire et expresse, comme les Cortès le désiraient, comme l'exigeait la dignité nationale, et comme le réclamait impérieusement notre sûreté à l'égard des Etats voisins. -

Les Cortès jugent qu'il convient à la Nation espagnole, qui a tant de droits à la reconnaissance et à l'admiration de l'Europe pour la part glorieuse qu'elle a prise à l'émancipation du continent, et pour les généreux efforts avec lesquels elle sut soutenir sa propre indépendance, en donnant l'exemple aux autres peuples, de prendre des mesures qui la mettent à l'abri de toutes les vicissitudes politiques, et qui la placent au point de sécurité qui lui convient.

Les Cortès ont entendu avec douleur et surprise la fin du discours de V. M. Pleines d'affection, de loyauté et d'un zèle ardent pour l'observation de la Constitution, qui prescrit si positivement le respect dû à la personne sacrée et inviolable de V. M., elles ne pourront jamais voir avec indifférence aucune action qui ne serait pas conforme à ce principe constitutionnel, action qui ne pourrait être conçue que par un Espagnol indigne de ce nom, et qui mériterait à jamais l'exécration générale de la Nation, et particulièrement d'une capitale qui a donné à **V. M.**, dès le premier temps de son règne, tant de preuves d'amour et de fidélité. Les Cortès, appelées par la Constitution aux fonctions législatives, se reposent pour le reste sur le zèle et la sagesse de **V. M.**

Elles pensent avec une ferme confiance que **V. M.**, comme chef suprême et unique du pouvoir exécutif, et comme renfermant en son auguste personne le pouvoir de faire exécuter les lois, comme étendant son autorité à tout ce qui intéresse la conservation de l'ordre public, qui est inséparable de l'attachement et de la vénération envers la majesté royale, ordonnera de réprimer avec énergie tout excès contraire à nos institutions mêmes. Elles espèrent enfin que, par cette conduite, **V. M.** consommera le grand œuvre de notre restauration politique, et assurera de plus en plus la force et la perpétuité du trône constitutionnel, conformément au vœu général et invariable des Espagnols.

N.º 285. — RAPPORT *du ministre des affaires étrangères aux Cortès d'Espagne.*

Madrid, 16 mars 1821.

En remplissant pour la seconde fois l'honorable devoir de présenter aux Cortès du royaume un résumé de l'état politique de la Nation, en ce qui concerne ses rapports avec l'étranger, j'ai l'honneur de leur annoncer que nos relations avec toutes les puissances continuent d'être sur le même pied d'accord et de bonne harmonie où elles se trouvaient pendant le cours et à la fin de la précédente législature.

La ratification que la sagesse du roi a cru convenable de donner au traité signé par S. M. et par le président des Etats-Unis d'Amérique, le 22 février 1819, en conséquence de l'autorisation donnée par les Cortès, pour la cession des Florides, est une mesure que beaucoup de circonstances réunies rendaient indispensable ; elle doit contribuer à raffermir les relations amicales et à resserrer les liens d'union et de bon voisinage avec les Etats-Unis. Cette ratification doit être parvenue depuis long-temps au gouvernement américain, mais on n'en a point encore l'avis, et ce n'est que lorsqu'on l'aura reçu que je pourrai annoncer aux Cortès la fin de cette importante négociation.

Nous continuons également à être en paix avec les puissances barbaresques, et les justes craintes que nous avions de la voir altérer par la régence d'Alger, au préjudice de notre commerce, ne se sont point réalisées. Au commencement de la législature précédente, le gouvernement de S. M. était occupé à mettre en mer le contingent de forces navales qui devait se réunir avec celui que S. M. le roi des Pays-Bas avait déjà dans la Méditerranée, en conséquence des stipulations du traité d'alliance défensive conclu entre les deux cours, le

10 août 1816. Les obstacles que la pénurie du moment opposaient à cet armement, ayant été vaincus, notre contingent fut réuni à celui des Pays-Bas; et, soit en veillant de concert sur les mouvemens de l'escadre algérienne, lorsqu'elle tint la mer un moment, soit en se présentant avec opportunité devant son port, on est parvenu à prévenir les mauvais effets que pouvaient amener les intentions plus que suspectes de cette régence.

Les Cortès avaient déjà commencé leurs travaux dans la précédente législature, lorsqu'un changement politique, dans la forme du régime intérieur de Naples eut lieu par l'adoption de la Constitution espagnole : ce changement fut suivi d'un autre de même nature en Portugal. En voyant ces importans événemens, la sagesse du roi reconnut combien il était juste et convenable d'observer, à l'égard de ces changemens constitutionnels, une conduite tout-à-fait neutre; et le gouvernement de S. M. a adopté, dès le premier moment, pour règle invariable, de n'y intervenir en aucune manière, directement ou indirectement, et de professer religieusement le principe d'un respect absolu pour les institutions des autres pays. Cette conduite, loin de pouvoir être attaquée avec succès par la malveillance et les ennemis de notre gloire et de la juste liberté des peuples, a dû être et a été sans doute approuvée par les hommes raisonnables de tous les pays.

La conduite du gouvernement de S. M. se serait bornée à cette marche mesurée et prudente, si la manière dont quelques cabinets crurent devoir considérer ses changemens, et principalement ceux de Naples, en donnant lieu à la réunion des souverains alliés d'Autriche, de Prusse et de Russie à Troppau, n'eût averti le roi que le moment était arrivé de manifester son intérêt pour l'auguste famille royale des Deux-Siciles, qui lui est unie par les liens du sang et d'une tendre affection, et en même temps pour toute la nation napolitaine. C'est ainsi que S. M. l'a fait entendre par des communications confidentielles à tous les cabinets, en manifestant le respect inviolable qu'elle a pour l'indépendance des nations et pour le droit positif des gens qui exclut toute intervention étrangère dans le régime intérieur du gouvernement qu'une Nation a adopté d'accord avec son souverain, comme l'a fait celle de Naples. Mais lorsque les souverains alliés ont cru nécessaire, pour la sûreté des Etats voisins, de réunir une armée puissante sur le Pô, et d'inviter S. M. Sicilienne aux conférences de Laybach, dans le but d'intervenir dans ces événemens politiques, le roi, qui a reconnu, par tous ces antécédens et par les mesures relatives à Naples, que le principe de notre changement politique était attaqué dans ce royaume, a cru également nécessaire à l'honneur de son trône, et à la dignité et à la sûreté de la Nation qu'il a la gloire de gouverner', de représenter à quelques cabinets, d'une manière officielle, et aux autres confidentiellement, que, religieux observateur des principes sacrés du droit des gens, sur lequel repose essentiellement l'indépendance des associations politiques, il ne reconnaîtrait chez aucune puissance ni le droit d'intervenir dans le réglement intérieur du gouvernement d'un autre, par des moyens de coaction, ni les résultats que cette intervention pourrait avoir dans son application. En même temps, S. M. a déclaré désirer savoir quelle pouvait être l'intention de quelques cabinets sur l'application de ce principe d'intervention par rapport aux affaires d'Espagne.

Le roi m'a autorisé à assurer les Cortès du royaume que toutes les explications que le gouvernement de S. M. a reçues des cabinets influens pendant l'époque où les affaires de Naples ont été agitées, s'accordent à reconnaître dans la cause de notre régénération politique, dans l'uniformité de la volonté nationale, et dans toutes les autres circonstances qui nous sont particulières, des motifs légitimes de confiance et de sûreté, d'où il résulte que nos relations de bonne amitié et d'harmonie, n'ont éprouvé nulle altération avec aucune puissance (1).

S. M. m'a également autorisé à assurer que si les éclaircissemens dans lesquels il a été nécessaire d'entrer, en conséquence de la juste, franche et amicale communication qu'on vient d'indiquer,

____

(1) Voyez les actes du Congrès de Vérone.

ne sont point encore terminés, ils ont déjà conduit S. M. à recevoir, de quelques-uns des cabinets, l'assurance positive qu'il n'est nullement
dans leur intention d'inquiéter l'Espagne ni d'intervenir en aucune manière dans ses affaires domestiques.

Ces justes protestations deviendront plus for-
melles, du moins S. M. l'espère ainsi, à mesure
qu'on se persuadera que la volonté du roi, la décision unanime de la nation, la sagesse et le patriotisme des Cortès, sont aussi irrévocables pour
défendre le trône constitutionnel, l'indépendance
et la liberté politique, que pour respecter les
droits sacrés et l'indépendance des autres nations.

Signé, DE ANDNAGA.

N.º 286. — DÉCRET *des Cortès d'Espagne qui met
sous le jugement des autorités militaires les
prévenus de conspiration contre le système
constitutionnel.*

Madrid, avril 1821.

(Moniteur du 2 mai.)

Art. 1.ᵉʳ Les procédures formées pour conspi-
rations ou pour des machinations contre la Constitution, ou contre la sûreté intérieure et extérieure de l'État, ou contre la personne sacrée du
roi constitutionnel, sont l'objet de la présente loi.

2. Les coupables de ces délits, quels que soient
leur classe et leurs grades, arrêtés par des troupes,

III.   13

soit de l'armée permanente, soit de la milice nationale destinées à cet effet par le gouvernement, par les chefs militaires ou par l'autorité compétente, seront jugés militairement (1) par un conseil de guerre d'officiers, conformément à la loi huitième de la nouvelle *recopilacion*, et les arrêts seront exécutés, s'ils reçoivent l'approbation du capitaine-général, d'accord avec l'assesseur. Si l'arrestation était faite par ordre ou réquisition de l'autorité civile, ou au moyen de secours à elle fournis, la juridiction ordinaire connaîtra de la cause.

3. Seront également jugés militairement, conformément à la loi dixième de la nouvelle *recopilacion*, et de la manière énoncée dans l'article précédent, ceux qui feraient résistance à la troupe, avec des armes à feu, armes blanches ou tout autre instrument offensif, quoique l'arrestation ait lieu d'après l'ordre ou réquisition de l'autorité civile ou secours à elle fournis.

4. Pour prévenir la résistance et par conséquent le mal dont fait mention l'article précédent, les autorités politiques feront publier sans délai, et sous leur responsabilité, aussitôt qu'elles seront informées de l'existence de quelques bandes, un édit pour sommer les factieux de se disperser et de se rendre dans leurs foyers respectifs.

(1) Cela est illégitime. Tout citoyen arrêté doit être jugé avec les formes les plus rassurantes, et non comme un ennemi, ou bien il faut qu'il y ait rébellion et guerre déclarée.

(195)

5. Cet édit sera publié avec la plus grande célérité dans l'arrondissement, et après qu'il se sera écoulé un temps suffisant pour être connu des factieux, il sera censé que les personnes désignées ci-après auront fait résistance à la troupe, et seront dans le cas d'être jugées militairement d'après l'art. 3 :

1.º Celles qui se trouveront réunies aux factieux, quand même elles n'auraient point d'armes; 2.º Celles qui seront arrêtées par la troupe en fuyant après avoir été avec les factieux; 3.º celles qui, ayant été avec eux, se trouveraient cachées et hors de leur domicile avec des armes.

6. Ceux qui provoqueraient ou favoriseraient la désertion, seront également soumis à la juridiction militaire, conformément à la loi 16 du titre 4 de la nouvelle *recopilacion*.

7. Sont réputés crimes du ressort exclusif de l'autorité militaire, la séduction au moyen d'argent, de dons, de menaces ou de conseils pour faire abandonner les drapeaux aux militaires, tant de l'armée permanente que de la milice nationale, pour passer dans les rangs des factieux, ou pour répandre, parmi ses compagnons d'armes, des projets d'opposition par la force au régime constitutionnel (1).

8. Dans un cas quelconque des articles précédens, si la milice nationale faisait l'arrestation, le conseil ordinaire de guerre se composera d'officiers

____

(1) C'est l'embauchage; loi française de vendémiaire an 4.

de ce corps, conformément au réglement ; mais si la troupe permanente avait concouru à l'arresta-tion, le conseil sera composé d'officiers de l'une et de l'autre classes (1).

9. Dans tous les procès instruits militairement, d'après les articles précédens, on ne fera de confrontations (2) que lorsqu'on ne sera pas d'accord ou lorsqu'elles seront absolument nécessaires, conformément à l'ordonnance royale mentionnée dans la note 16.ᵉ, titre 17 de la nouvelle *recopilacion*.

10. Si le fiscal jugeait convenable, d'après la gravité des circonstances, de former des causes séparées, il pourra le faire ; cela devra avoir lieu aussitôt que les prévenus seront convaincus, afin de ne point retarder le jugement et sa prompte exécution.

11. Dans tous les autres cas, les prévenus de ces délits devront être jugés par la juridiction ordinaire, sans égard à aucun privilége, même quand l'arrestation aurait été faite par la force armée.

12. Pour les procès déterminés par la présente loi, il n'y aura lieu à aucune compétence, autre que celle qui pourrait s'élever entre les juridictions ordinaire et militaire, d'après les limites

____

(1) Qu'importe qui ait fait l'arrestation ? Celui qui est arrêté ne devient pas la propriété de celui qui l'arrête.

(2) C'est-à-dire qu'on n'observera pas les formes de la justice, et qu'on les condamnera sans avoir de certitude.

désignées. Les discussions qui s'élèveraient sur la compétence seront décidées par le tribunal suprême de justice, au plus tard quarante-huit heures après avoir été reçues.

13. Le juge de première instance, à qui la connaissance de la cause appartiendra, lui donnera une préférence exclusive sur toutes les autres; et, en cas de besoin, il pourra renvoyer celles d'une classe différente aux autres juges qu'il y aurait dans la même commune.

14. La preuve du délit devra résulter pleinement de l'instruction; mais elle pourra être considérée comme terminée et le procès être suivi, quoique le procureur ne soit pas pleinement convaincu, pourvu que les preuves ou indices fassent incliner le juge à croire que celui qui est traité comme prévenu est coupable ou innocent, et que sa cause ne présente pas des motifs fondés de pouvoir obtenir d'autres renseignemens sur l'instruction, ou bien qu'elle en offre dont on pourra faire usage suffisamment dans les débats.

15. Pour faire l'instruction, le juge de première instance pourra se servir d'un notaire royal ou d'arrondissement.

16. Le juge de première instance décidera sur l'instruction des causes séparées, conformément à l'art. 10 de la présente loi.

17. Toutefois, l'interrogatoire du prévenu reçu, s'il y avait lieu à accusation, le fiscal la dressera dans trois jours au plus tard; du moment de la

signification donnée au prévenu, dans un terme semblable, la cause sera rendue publique.

18. Le prévenu nommera, dans les 24 heures, son avocat, pris dans ceux résidant dans l'arrondissement ou qui s'y trouveraient dans le moment; s'il ne le fait pas, on lui en nommera un d'office.

Les articles 19 à 25 sont peu importans.

26. La sentence devra être prononcée dans les trois jours.

27. La majorité absolue des voix formera la sentence; dans le cas où il y aurait égalité, elle sera décidée par la partie qui sera conforme au suffrage du juge de première instance; et s'il n'y avait point une égalité absolue, la plus favorable au prévenu prévaudra.

28. Le jugement qui prononcera la liberté sera exécuté sur-le-champ; celui qui condamnera à la peine capitale le sera dans les 48 heures; les autres le plus promptement possible.

29. Les procédures actuellement pendantes, seront réglées pour leur cours ultérieur, suivant l'état où elles se trouveront au moment de la promulgation de la présente loi, conformément à ce qu'elle prescrit, mais sans sortir des tribunaux qui en connaissent.

3o. Les lois qui seraient contraires à la présente sont abrogées.

Après l'approbation de ces 3o articles par les

Cortès , plusieurs députés ont proposé des additions qui ont été renvoyées à l'examen de la commission.

N.° 287. — DÉPÊCHES *du cabinet de Russie en suite du Congrès de Laybach.*

Laybach , 28 avril (10 mai) 1821.

(Annuaire histor. , 1821 ; p. 646).

Monsieur, il y a précisément un an que nous nous sommes vus forcés de faire connaître les principes que l'empereur avait résolu de suivre à l'égard des Etats qui , au malheur de subir une révolution criminelle et violente , joindraient celui d'en sanctionner les fatales conséquences.

Depuis cette époque , et à dater de l'ouverture des conférences de Troppau et de Laybach , nos communications successives ont dû prouver à tous les ministres et agens de l'empereur dans l'étranger , non-seulement que les principes de S. M. I. ne varieraient pas , mais encore que notre maître sera toujours prêt à concourir, de tous ses moyens , au succès des mesures qu'il avait arrêtées avec ses alliés , dans l'intérêt général du repos de l'Europe.

Par notre circulaire du 27 février (11 mars), nous vous informions que , attendu les déterminations prises , sous ce rapport , par S. M. I. et R. apostolique , malgré la clôture du Congrès de Laybach.

Nos dépêches du 8 (20) mars vous apprirent

bientôt que la prévoyance de l'empereur n'avait été que trop complétement justifiée, et que, fidèle à ses promesses, la Russie, sur la demande de l'Autriche et du souverain légitime du royaume de Sardaigne, avait fait marcher une armée de cent mille hommes, afin de prévenir les funestes et trop probables effets de la révolte militaire qui venait d'éclater dans le Piémont.

D'heureux événemens ont succédé à ceux qu'avaient provoqués les artisans de troubles et de discorde : tout nous autorise à espérer que l'ordre achèvera de se rétablir dans les Etats de S. M. Sarde; le gouvernement royal y a profité de la proximité du royaume lombardo-vénitien, et c'est l'assistance temporaire d'un corps d'occupation, composé de troupes autrichiennes, qu'il a réclamée, pour rendre au Piémont le bonheur d'une paix domestique, profonde et stable.

Tous nos vœux appellent ce grand et salutaire résultat. Mais, comme la mesure de sûreté qu'il exige, et que le gouvernement Sarde a sollicitée lui-même, va faire l'objet d'un arrangement direct entre la Sardaigne et l'Autriche, sous la garantie des cours alliées, et, comme la présence de nos troupes serait désormais inutile, l'ordre de rétrograder leur a déjà été transmis. D'autre part, plus la résolution de les faire agir était énergique, plus a été utile et vive l'impression produite par la seule nouvelle de leur mouvement, et plus il est essentiel, aux yeux de l'empereur, que tous les cabinets de l'Europe connaissent et apprécient les graves considérations qui ont porté S. M. I. à recourir à la force des armes, et les intentions nobles et pures qui en auraient toujours dirigé et modéré l'emploi.

L'expérience de tous les âges et de tous les pays avertit les peuples des calamités qui forment l'inévitable cortège du crime et de la rébellion ; mais, l'année dernière, ces hautes et éternelles leçons des siècles furent méconnues ; les catastrophes se pressèrent avec une effrayante rapidité ; Naples démontra jusqu'à l'évidence les dangers d'un pernicieux exemple. Devenu lui-même le foyer de la révolution et le centre de l'activité des sectes, cet Etat menaça l'Italie d'une conflagration générale ; et l'Autriche voyant une partie de ses provinces exposée à un éminent péril, réclama d'abord l'appui moral de ses alliés. Ami sincère de S. M. I. et R. apostolique, et convaincu comme elle des maux qui auraient encore une fois accablé le monde, si l'oubli de tous les devoirs avait pu obtenir l'apologie d'un triomphe durable, l'empereur embrassa avec franchise une cause que sa conscience lui disait être celle de l'Europe, des lois et des traités ; il fit plus, comme une intime union a été établie par des actes solennels entre toutes les puissances européennes, l'empereur offrit à ses alliés les secours de ses armes, pour le cas où des bouleversemens nouveaux feraient craindre de nouveaux dangers. Nous avons déjà vu comment se vérifiè·

rent les pressentimens de S. M. I. Des sectaires, agissant dans les ténèbres, dont ils ont besoin de couvrir leurs coupables projets, excitèrent en Piémont une insurrection qui pouvait, par ses suites, retarder les progrès du bien dans les Deux-Siciles; et, en compromettant l'armée qui s'avançait vers Naples, encourager la révolte dans tout le reste de la Péninsule. Déjà même d'alarmans symptômes autorisaient des inquiétudes pour d'autres contrées; dès-lors les troupes russes durent marcher. Elles marchaient en effet; elles marchaient, non pour étendre la puissance de la Russie, ou porter la plus légère atteinte à l'état de possession territoriale, garanti à tous les gouvernemens de l'Europe par les traités conclus depuis l'année 1814, mais pour secourir les alliés de l'empereur; et, ainsi que nous l'avons dit plus haut, sur la demande expresse de S. M. I. R. apostolique, et de S. A. R. le duc de Génevois. Elles marchaient, non pour renverser les institutions émanées de l'autorité légitime, mais pour empêcher que l'insurrection n'usurpât un pouvoir qui serait un fléau universel. Elles marchaient enfin, non pour entraver le développement de la prospérité publique, dans quelqu'état que ce fût, mais pour favoriser le rétablissement de l'ordre, dans les pays où les hommes de malheurs ont fini par rendre indispensable l'assistance d'une force étrangère.

Telle a été, telle sera toujours l'unique intention de l'empereur, si jamais il se trouvait encore dans la nécessité de mettre ses armées en mouvement. Aucune charge ne serait même résultée de leur passage, ni de leur présence momentanée. Elles auraient traversé paisiblement les immenses espaces qui les séparent de l'Italie ; et dès que le but pour lequel deux princes les avaient appelées eût été atteint, l'empereur leur aurait donné l'ordre de rentrer dans ses États.

Il nous est donc permis de répéter et d'affirmer que, jamais l'amour de la guerre, jamais l'ambitieuse idée d'exercer une influence exclusive dans les conseils des autres monarques, ni sur les destinées des peuples dont la providence leur a confié le soin, n'ont été et ne seront les mobiles de la politique de S. M. I.

Des faits irréfragables attestent aujourd'hui la sincérité de ce langage.

La malveillance prêtait à la Russie des vues hostiles contre la Porte. Des troubles se sont manifestés en Valachie et en Moldavie, et notre conduite, ainsi que nos déclarations, sont venues démontrer que nous observions les règles du droit des gens et la foi des traités, dans nos relations avec le gouvernement turc.

On s'est plu à répandre ensuite que nous avions abandonné nos projets contre la Turquie, pour envahir les contrées occidentales de l'Europe. Un éclatant démenti a confondu les auteurs de ces odieuses accusations ; et celle de nos armées qui marchait, suivie et appuyée de toutes les forces de l'empire, s'est arrêtée dès que nous avons eu la certitude que le gouvernement légitime avait recouvré la plénitude de son autorité dans le royaume de Sardaigne.

Ainsi, monsieur, c'est avec la conscience d'avoir rempli les devoirs d'ami et d'allié; c'est avec le dessein de toujours les remplir, et la consolante persuasion d'avoir contribué à la tranquillité de l'Italie et de l'Europe, que l'empereur va quitter Laybach.

Il partira le 1.er (13) mai, et se rendra, par Varsovie, à Pétersbourg, heureux de prêter son assistance à ses alliés, si elle leur devenait nécessaire; plus heureux encore de jouir long-temps du spectacle d'une paix dont la Russie goûte les douceurs et qu'elle est intéressée, autant qu'une autre puissance, à maintenir et à consolider.

Le système politique de notre auguste maître ne devant éprouver aucun changement, tous ses ministres et agens continueront à suivre et à exécuter les instructions générales qu'ils ont reçues jusqu'à ce jour.

La présente circulaire réglera leur langage sur les événemens dont elle parle, et l'empereur vous autorise même, monsieur, à en donner lecture et copie au gouvernement auprès duquel vous êtes accrédité, etc.

Signé NESSELRODE.

N.º 288. — **DÉPÊCHE** *circulaire des mêmes Cours.*

Laybach, 12 mai 1821.

(Annuaire historique , 1821 ; p. 643.)

La réunion des monarques alliés et de leurs cabinets, à Troppau, arrêtée à la suite des événemens qui avaient traversé le gouvernement légitime à Naples, était destinée à fixer le point de vue dans lequel il convenait de se placer à l'égard de ces funestes événemens, à se concerter sur une marche commune, et à combiner dans un esprit de justice, de conservation et de modération, des mesures propres à garantir l'Italie d'un bouleversement général, et les états voisins des plus imminens dangers. Grâce à l'heureuse conformité de vues et de dispositions qui régnait entre les trois augustes souverains, cette première tâche fut bientôt remplie; des principes clairement énoncés et réciproquement embrassés avec toute la sincérité d'une conviction intime, conduisirent à des résolutions analogues, et les bases établies dès les premières conférences, ont été invariablement suivies pendant tout le cours d'une réunion signalée par les résultats les plus remarquables.

Transférée à Laybach, cette réunion prit un caractère plus prononcé par la présence et le concours du roi des Deux-Siciles, et par l'assentiment unanime avec lequel les princes d'Italie accédèrent au système adopté par les cabinets alliés.

Les monarques se convainquirent que les gouvernemens les plus immédiatement intéressés aux destinées de la Péninsule rendaient justice à la pureté de leurs intentions, et qu'un souverain placé dans la situation la plus pénible par des actes auxquels la perfidie et la violence avaient su associer son nom, s'en remettait en pleine confiance à des mesures qui devaient à-la-fois mettre un terme à cet état de captivité morale, et rendre à ses fidèles sujets le repos et le bien-être dont les factions criminelles les avaient privés.

L'effet de ces mesures n'a pas tardé à se manifester; l'édifice élevé par la révolte, aussi fragile dans ses constructions que vicieux dans ses bases, ne reposant que sur l'astuce des uns, et sur l'aveuglement momentané des autres, réprouvé par l'immense majorité de la nation, odieux même à l'armée formée pour le défendre, s'est écroulé au premier contact avec la force régulière qui était destinée à le renverser, et qui n'a servi qu'à en montrer le néant; le pouvoir légitime est rétabli, les factions sont dispersées, le peuple napolitain est délivré de la tyrannie de ces imposteurs audacieux qui, en le berçant des rêves d'une fausse liberté, exerçaient sur lui les vexations les plus cruelles, lui imposaient d'énormes sacrifices, au seul profit de leur ambition et de leur avidité, et marchaient à grands pas vers l'irréparable ruine d'un pays dont ils ne cessaient de se dire les régénérateurs.

Cette restauration importante est consommée autant qu'elle a pu et qu'elle a dû l'être par les conseils et les efforts des puissances alliées. Aujourd'hui que le roi des Deux-Siciles est investi de nouveau de la plénitude de ses droits, les monarques se bornent à seconder de leurs vœux les plus ardens les résolutions que ce souverain va adopter pour reconstruire son gouvernement sur des fondemens solides, et pour assurer par des lois et des institutions sages, les véritables intérêts de ses sujets et la prospérité constante de son royaume.

Pendant le cours de ces grandes transactions, on a vu éclater de plus d'un côté les effets de cette vaste conjuration tramée depuis long-temps contre tous les pouvoirs établis et contre tous les droits consacrés par cet ordre social sous lequel l'Europe a joui de tant de siècles de bonheur et de gloire. L'existence de cette conjuration n'était point inconnue aux monarques ; mais au milieu des agitations que l'Italie éprouvait depuis les catastrophes de l'année 1820, et du mouvement désordonné qui de là s'était communiqué à tous les esprits, elle s'est développée avec une rapidité croissante, et son vrai caractère a paru au grand jour. Ce n'est pas, comme on a pu le croire à une époque moins avancée, ce n'est pas contre telle ou telle forme de gouvernement, particulièrement en butte à leurs déclamations, que sont dirigées les entreprises ténébreuses des auteurs de ces complots, et les vœux insensés de leurs aveugles partisans :

les Etats qui ont admis des changemens dans leur régime politique ne sont pas plus à l'abri de leurs attaques que ceux dont les anciennes institutions ont traversé les orages du temps. Monarchies pures, monarchies limitées, constitutions fédératives, républiques, tout est englobé dans les arrêts de proscription d'une secte qui traite d'*oligarchie* tout ce qui, dans quelque forme que ce soit, s'élève au-dessus du niveau d'une égalité chimérique. Les chefs de cette ligue impie, indifférens à tout ce qui résultera de la destruction générale qu'ils méditent, indifférens à toute espèce d'organisation stable et permanente, n'en veulent qu'aux bases fondamentales de la société. *Renverser ce qui existe*, sauf à y substituer ce que le hasard suggérera à leur imagination déréglée ou à leurs sinistres passions : voilà l'essence de leur doctrine et le secret de toutes leurs machinations !

Les souverains alliés n'ont pu méconnaître qu'il n'y avait qu'une barrière à opposer à ce torrent dévastateur. *Conserver ce qui est légalement établi* : tel a dû être le principe invariable de leur politique, le point de départ et l'objet final de toutes leurs résolutions. Ils n'ont pu être arrêtés par les vaines clameurs de l'ignorance ou de la malice, les accusant de condamner l'humanité à un état de stagnation et de torpeur incompatible avec la marche naturelle et progressive, et avec le perfectionnement des institutions sociales. Jamais ces monarques n'ont manifesté la moindre disposition de contrarier des améliorations réelles, ou la réforme des abus qui se glissent dans les meilleurs gouvernemens; des vues bien différentes les ont constamment animés; èt si ce repos que les gouvernemens et les peuples avaient le droit de croire assuré par la pacification de l'Europe, n'a pas pu opérer tout le bien qui devait en résulter, c'est que les gouvernemens ont dû concentrer toutes leurs pensées sur les moyens d'opposer des digues au progrès d'une faction qui, répandant autour d'elle l'erreur, le mécontentement, le fanatisme des innovations, eût bientôt mis en problème l'existence d'un ordre public quelconque.

Les changemens utiles ou nécessaires dans la législation et dans l'administration des Etats, ne doivent émaner que de la volonté libre, de l'impulsion réfléchie et éclairée de ceux que Dieu a rendus responsables du pouvoir. Tout ce qui sort de cette ligne conduit nécessairement au désordre, aux bouleversemens, à des maux bien plus insupportables que ceux que l'on prétend guérir. Pénétrés de cette vérité éternelle, les souverains n'ont pas hésité à la proclamer avec franchise et vigueur; ils ont déclaré, qu'en respectant les droits et l'indépendance de tout pouvoir légitime, ils regardaient comme légalement nulle et désavouée par les principes qui constituent le droit public de l'Europe, toute prétendue réforme opérée par la révolte et la force ouverte. Ils ont agi en conséquence de cette déclaration, dans les événemens

III.   14

de Naples, dans ceux du Piémont, dans ceux même qui, sous des circonstances très-différentes, mais par des combinaisons également criminelles, viennent de livrer la partie orientale de l'Europe à des convulsions incalculables.

Les monarques sont d'autant plus décidés à ne pas s'écarter de ce système, qu'ils regardent la fermeté avec laquelle ils l'ont maintenu, dans une époque si critique, comme la véritable cause du succès dont leurs efforts, pour le rétablissement de l'ordre en Italie, ont été accompagnés. Les gouvernemens de la Péninsule ont reconnu qu'ils n'avaient rien à craindre, ni pour leur indépendance politique, ni pour l'intégrité de leurs territoires, ni pour la conservation de leurs droits, en réclamant des secours qui leur étaient fournis, à la seule condition d'en profiter pour défendre leur propre existence. C'est la confiance réciproque qui a sauvé l'Italie; c'est elle qui a fait cesser, dans l'espace de deux mois, un incendie qui, sans l'intervention des puissances alliées, aurait ravagé et ruiné la totalité de ce beau pays, et menacé pour long-temps le reste de l'Europe.

Rien n'a plus efficacement démontré la force de ce ressort moral, qui liait le salut de l'Italie aux déterminations des monarques, que le dénouement prompt et heureux de la révolte qui avait éclaté dans le Piémont. Des conspirateurs en partie étrangers, avaient préparé ce nouveau forfait, et mis en œuvre, pour le faire réussir, le plus détestable de tous les moyens révolutionnaires, en soulevant contre l'autorité cette force armée qui n'est créée que pour lui obéir et pour défendre l'ordre public. Victime d'une trahison inexplicable, si quelque chose pouvait l'être, tant que les crimes politiques trouveront en Europe des voix qui osent les défendre, un souverain jouissant à juste titre du respect et de l'affection de ses sujets, se vit forcé de descendre d'un trône qu'il avait orné par ses vertus; une partie considérable des troupes fut entraînée dans l'abîme par l'exemple et les intrigues d'un petit nombre d'ambitieux; et le cri banal de la faction anti-sociale retentissait de la capitale aux provinces; les monarques réunis à Laybach ne tardèrent pas à y répondre. Leur union était du nombre de celles qui se fortifient et grandissent avec le danger; leur voix fut entendue. Aussitôt les serviteurs fidèles du roi, sentant qu'ils n'étaient point abandonnés, employèrent ce qui leur restait de ressources pour combattre les ennemis de la patrie et de la gloire nationale; le pouvoir légitime quoique comprimé et paralysé dans son action, n'en sut pas moins soutenir sa dignité et ses droits; et les secours arrivant au moment décisif de la crise, le triomphe de la bonne cause fut bientôt complet. Le Piémont a été délivré en peu de jours, et il n'est resté de cette révolution, calculée sur la chute de plus d'un gouvernement, que les souvenirs honteux emportés par ses coupables auteurs.

14.

C'est ainsi qu'en suivant sans déviation les principes établis, et la ligne de conduite tracée dès les premiers jours de leur réunion, les monarques alliés sont parvenus à pacifier l'Italie. Leur objet direct est atteint; aucune des démarches qui y ont abouti n'a démenti les déclarations que la vérité et la bonne foi leur avaient inspirées; ils y resteront fidèles, quelque nouvelle épreuve que la providence puisse leur avoir réservée. Plus que jamais appelés, ainsi que tous les autres souverains et pouvoirs légitimes, à veiller sur la paix de l'Europe, à la protéger, non-seulement contre les erreurs et les passions qui pourraient la compromettre dans les rapports de puissance, mais surtout contre ces funestes tentatives qui livreraient le monde civilisé aux horreurs d'une anarchie universelle, ils croiraient profaner une vocation aussi auguste, par les calculs étroits d'une politique vulgaire. Comme tout est simple, patent, et franchement avoué dans le système qu'ils ont embrassé, ils le soumettent avec confiance au jugement de tous les gouvernemens éclairés.

La réunion, qui va finir, doit se renouveler dans le courant de l'année prochaine. On y prendra en considération le terme à fixer aux mesures qui, de l'aveu de toutes les cours d'Italie, et particulièrement de celles de Naples et de Turin, ont été jugées nécessaires pour raffermir la tranquillité de la Péninsule. Les monarques et leurs cabinets apporteront, à l'examen de cette question, le même esprit qui les a dirigés jusqu'ici. Des motifs d'une gravité incontestable , et pleinement justifiés par les résultats , avaient déterminé les souverains à intervenir dans les affaires de l'Italie ; ils sont loin de vouloir prolonger cette intervention au-delà des limites d'une stricte nécessité , désirant bien sincèrement que les circonstances qui leur ont imposé ce pénible devoir ne se reproduisent jamais.

Nous avons cru utile , au moment où les souverains vont se séparer, de rappeler, par le précédent exposé , les principes qui les ont dirigés dans les dernières transactions.

Vous êtes, en conséquence, chargé de faire communiquer cette dépêche au ministre dirigeant les affaires étrangères de la cour près laquelle vous vous trouvez accrédité.

Vous recevez en même temps une déclaration , conçue dans le même esprit, que les cabinets ont fait rédiger et imprimer pour porter, à la connaissance publique de l'Europe, les sentimens et les principes dont les augustes souverains sont animés, et qui serviront constamment de guides à leur politique.

Recevez , etc.

N.º 289. — **Déclaration** *finale des cours d'Autriche, de Prusse et de Russie, au sujet des révolutions.*

Laybach, 12 mai 1821.

(Annuaire historique , 1821, page 642.)

L'Europe connaît les motifs de la résolution prise par les souverains alliés d'étouffer les complots et de faire cesser les troubles qui menaçaient l'existence de cette paix générale , dont le rétablissement a coûté tant d'efforts et tant de sacrifices.

Au moment même où leur généreuse détermination s'accomplissait dans le royaume de Naples, une rébellion d'un genre plus odieux encore , s'il était possible, éclata dans le Piémont.

Ni les liens qui depuis tant de siècles unissent la maison régnante de Savoie à son peuple, ni les bienfaits d'une administration éclairée, sous un prince sage et sous des lois paternelles, ni la triste perspective des maux auxquels la patrie allait être exposée, n'ont pu contenir les desseins des pervers.

Le plan d'une subversion générale était tracé. Dans cette combinaison contre le repos des nations, les conspirateurs du Piémont avaient leur rôle assigné ; ils se sont hâtés de le remplir.

Le trône et l'Etat ont été trahis, les sermens violés , l'honneur militaire méconnu, et l'oubli de tous les devoirs a bientôt amené le fléau de tous les désordres.

Partout le mal a présenté le même caractère ; partout un même esprit dirigeait ces funestes ré- volutions.

Ne pouvant trouver de motifs plausibles pour les justifier , ni d'appui national pour les soutenir, c'est dans de fausses doctrines que les auteurs de ces bouleversemens cherchent une apologie , c'est sur de criminelles associations qu'ils fondent un plus criminel espoir. Pour eux , l'empire salutaire des lois est un joug qu'il faut briser ; ils renoncent aux sentimens qu'inspire le véritable amour de la patrie ; et , mettant à la place des devoirs connus , les prétextes arbitraires et indéfinis d'un changement universel dans les principes constitutifs de la société , ils préparent au monde des calamités sans fin.

Les souverains alliés avaient reconnu les dangers de cette conspiration dans toute leur étendue, mais ils avaient pénétré en même temps la faiblesse réelle des conspirateurs, à travers le voile des apparences et des déclamations ; l'expérience a confirmé leurs pressentimens, la résistance que l'autorité légitime a rencontrée a été nulle, et le crime a disparu devant le glaive de la justice.

Ce n'est point à des causes accidentelles , ce n'est pas même aux hommes qui se sont si mal montrés le jour du combat, qu'on doit attribuer la facilité d'un tel succès ; elle tient à un principe plus consolant et plus digne de considération.

La Providence a frappé de terreur des consciences aussi coupables; et l'improbation des peuples, dont les artisans de troubles avaient compromis le sort, leur a fait tomber les armes des mains.

Uniquement destinées à combattre et à réprimer la rébellion, les forces alliées, loin de soutenir aucun intérêt exclusif, sont venues au secours des peuples subjugués (1), et les peuples en ont considéré l'emploi comme un appui en faveur de leur liberté, et non comme une attaque contre leur indépendance. Dès-lors la guerre a cessé : dès-lors les Etats que la révolte avait atteints n'ont plus été que des Etats amis pour les puissances qui n'avaient jamais désiré que leur tranquillité et leur bien-être.

Au milieu de ces graves conjonctures, et dans une position aussi délicate, les souverains alliés, d'accord avec LL. MM. le roi des Deux-Siciles et le roi de Sardaigne, ont jugé indispensable de prendre les mesures temporaires de précaution indiquées par la prudence et prescrites par le salut commun. Les troupes alliées, dont la présence était nécessaire au rétablissement de l'ordre, ont été placées sur les points convenables, dans l'unique vue de protéger le libre exercice de l'autorité légitime, et de l'aider à préparer, sous cette égide, les bienfaits qui doivent effacer la trace de si grands malheurs.

(1) C'est l'intervention armée ; elle étouffe le vœu du peuple en lui ôtant sa liberté.

La justice et le désintéressement qui ont présidé aux délibérations des monarques alliés, régleront toujours leur politique : à l'avenir comme par le passé, elle aura toujours pour but la conservation et l'indépendance (1) des droits de chaque Etat, tels qu'ils sont reconnus et définis par les traités existans (2). Le résultat même d'un aussi dangereux mouvement sera encore, sous les auspices de la Providence, le raffermissement de la paix que les ennemis des peuples s'efforcent de détruire, et la consolidation d'un ordre de choses qui assurera aux nations leur repos et leur prospérité.

Pénétrés de ces sentimens, les souverains alliés, en fixant un terme aux conférences de Laybach, ont voulu annoncer au monde les principes qui les ont guidés ; ils sont décidés à ne jamais s'en écarter, et tous les amis du bien verront et trouveront constamment dans leur union une garantie assurée contre les tentatives des perturbateurs.

C'est dans ce but que LL. MM. II. et RR. ont ordonné à leurs plénipotentiaires de signer et de publier la présente déclaration (3).

Autriche, *Metternich*, le baron de *Vincent.* — Prusse, *Krusemark.* — Russie, *Nesselrode, Capo d'Istria, Pozzo di Borgo.*

(1) Il ne peut y avoir d'indépendance, là où il y a intervention armée. Voyez *Vattel.*

(2) Les peuples ont des droits naturels et inviolables, indépendamment des traités.

(3) C'est un appendice à la Sainte-Alliance de 1815, et à la déclaration finale du Congrès d'Aix-la-Chapelle.

N.º 290. — Discours *du roi d'Espagne, à la clôture de la session des Cortès.*

Madrid, 3o juin 1821.

(Annuaire historique, 1821, page 667.)

Messieurs les députés, j'éprouve une véritable satisfaction à me présenter encore une fois dans ce congrès, qui, plein de lumières, de patriotisme et de vertus, a donné, dans la présente législature, de nouvelles preuves de ses soins constans pour le bonheur public. Ses efforts, pour achever et perfectionner notre régénération politique, ont été, s'il est possible, au-delà de mes espérances ; et la nation lui devra une reconnaissance éternelle pour les grandes et nombreuses mesures qu'il a prises dans la courte période de sa session, dont j'ai proposé la prorogation, suivant le texte de la loi fondamentale, la considérant comme utile au bien public, ainsi qu'elle l'a été réellement.

En effet, la nouvelle organisation de l'armée, si bien adaptée au véritable but de son institution, est l'ouvrage du congrès ; le décret sur l'instruction publique qui établit plusieurs divisions, depuis les études primaires jusqu'aux plus hautes sciences, répandra les lumières et les connaissances utiles dans toutes les classes de l'Etat ; le décret de la réduction des dîmes, par lequel, sans toucher à la dotation nécessaire du clergé, on soulage considérablement le laboureur, encourageant ainsi l'agriculture, source inépuisable de notre richesse ; enfin le système des finances qui, supprimant les impôts onéreux ou inutiles, a fixé les revenus publics, en conservant parmi les contributions établies celles qui offrent le moins d'abus, et en établissant de nouvelles conformes aux principes équitables de la Constitution politique de la monarchie, et dont le mode a été adopté avec succès chez toutes les nations les plus civilisées. Tous ces utiles décrets sont également l'ouvrage du congrès.

J'offre aux Cortès les expressions de ma reconnaissance pour le zèle et la sagesse qu'elles ont montrés en adoptant des mesures si importantes pour le bien de l'Etat ; le gouvernement ne négligera aucun moyen de les faire exécuter aussi complètement que l'exigent sa propre dignité et la stabilité du système constitutionnel que je ferai observer scrupuleusement et d'une manière inviolable.

Je les remercie aussi pour la générosité avec laquelle elles ont pourvu aux besoins et à la dignité de ma maison royale et de ma famille, et pour l'autorisation d'un emprunt par lequel on a mis le gouvernement à même de couvrir les dépenses publiques les plus urgentes.

Nos relations d'harmonie et d'amitié avec les autres puissances, n'ont éprouvé aucune altération depuis l'ouverture de la session ; et je tâcherai de les conserver par tous les moyens qui seront en mon pouvoir, et qui s'accorderont avec la dignité de la nation héroïque que je me glorifie de commander.

Le traité avec les Etats-Unis qui termine nos différends avec ce gouvernement, et règle définitivement la cession des Florides, a été ratifié par son président, et les ratifications échangées le 22 février dernier. Je me flatte, qu'au moyen de ce traité, et par la fixation des limites qui doit être faite par une commission mixte, nos relations avec ces Etats n'éprouveront désormais aucune altération.

La fermeté de mon gouvernement, et la généreuse et active coopération de S. M. le roi des Pays-Bas, mettent, quant à présent, notre commerce à l'abri de toute hostilité de la part de la régence d'Alger.

En conséquence du nouvel ordre de choses, adopté généreusement et spontanément par le roi du Portugal et du Brésil, S. M. T. F. et sa royale famille ont pris la résolution de revenir à Lisbonne, et de laisser à Rio-Janeiro, en qualité de vice-roi, le prince héréditaire. Je profiterai du retour de S. M. T. F., en Portugal, pour reprendre les négociations suspendues depuis long-temps, relativement à l'occupation de Monte-Video et de la rive orientale de Rio de la Plata.

J'ai manifesté aux Cortès quels étaient mes sentimens au sujet des événemens auxquels des malintentionnés ont voulu donner, par rapport à l'Espagne, une importance qu'ils ne pouvaient avoir en aucune manière.

La tranquillité règne dans l'intérieur; une seule bande de factieux, bande méprisable et peu nombreuse a paru un moment, elle a été dispersée et détruite par les dispositions énergiques du gouvernement et la valeur de nos troupes ; il est à espérer que ce mauvais succès, et l'amélioration toujours croissante de l'esprit public empêcheront qu'on voie se renouveler ces tentatives insensées, qui ne pourront jamais arrêter un moment la marche majestueuse de notre système.

L'agriculture, l'industrie, les arts et les sciences éprouvent déjà des améliorations dues au système constitutionnel. Toutes ces sources de la prospérité publique ressentiront bientôt les heureux effets des décrets rendus pour les encourager; mais cet accroissement n'est pas l'affaire d'un jour ; la semence déposée dans la terre ne produit pas de fruit à l'instant même. Le commerce éprouvera une prospérité graduelle, et principalement lorsque, grâces aux secours que les Cortès pourront lui donner, la nation espagnole aura une marine telle qu'elle doit l'avoir.

J'ai vu avec satisfaction que les Cortès ont tourné leurs regards vers l'administration de la justice, qu'elles ont raffermie de plus en plus par des mesures prises à cet effet.

Je n'épargnerai aucun effort pour obtenir le rétablissement de l'ordre dans les provinces d'ou-

tre-mer ; et mon gouvernement , invité dernière-
ment par les Cortès à proposer les mesures qu'il
jugera convenables pour le bonheur de ces provinces , en prenant en considération leur situation
actuelle, déférera promptement à ce vœu avec la
générosité qui le caractérise; les Espagnols des
deux émisphères doivent être convaincus que je
ne désire rien tant que leur bonheur, fondé sur
l'intégrité de la monarchie et l'observation de la
Constitution.

Si , comme je n'en doute pas, les Cortès , qui
s'assembleront prochainement , imitent le noble
exemple que leur laissent les Cortès dont je viens
clore les travaux ; si elles montrent le même respect et le même attachement pour le trône, le
même amour pour la patrie , j'aurai bien promptement la satisfaction de voir consolider dans toutes
ses parties, le système qui est l'objet principal de
tous mes vœux.

N.° 291. — Discours *du président de la députation permanente des Cortès (M. Calatrava),
à l'ouverture de la séance des Cortès extraordinaires.*

Madrid , 22 septembre 1821.

(Espectador du 22. — Moniteur du 6 octobre.)

Messieurs, la députation permanente partage
la vive satisfaction qu'éprouvent aujourd'hui tous
les bons Espagnols, en voyant de nouveau les

représentans du peuple réunis dans cette auguste enceinte pour cueillir de nouveaux lauriers dans la carrière de la liberté et de la gloire. La sollicitude paternelle du roi, fruit de ses généreux sentimens, a provoqué la convocation des Cortès extraordinaires, pour traiter des objets que vous connaissez et qui sont pour le bien public d'un si haut intérêt. S. M. acquérant ainsi de nouveaux titres à l'amour et à la reconnaissance du peuple héroïque qu'elle gouverne, nous impose l'obligation la plus sacrée de n'épargner aucun effort ni aucun sacrifice pour répondre à une si grande confiance. Les ennemis de la liberté des nations seront encore une fois déçus dans leurs coupables espérances par cette union sincère du monarque avec ses sujets, par l'ordre et le calme avec lesquels nous nous réunissons pour la troisième fois.

Pendant les trois mois qui viennent de s'écouler, le système constitutionnel a suivi sa marche majestueuse que n'ont pu interrompre toutes les intrigues des fauteurs du despotisme, soit au dehors, soit au dedans du royaume; si nous avons éprouvé quelques agitations, elles ne peuvent être regardées que comme les indices de la santé d'un peuple libre; elles ont en d'ailleurs l'avantage de détruire les machinations d'un petit nombre d'hommes, et de faire paraître chaque fois, avec plus de splendeur, le bon esprit, la modération et l'amour de l'ordre qui caractérisent les Espagnols. Réjouissons - nous, Messieurs; rendons

grâces à la divine providence qui nous dispense
tant de bienfaits, et reprenons nos fonctions
pour le bien de cette patrie, si digne d'être heureuse, en dépit de ceux qui voudraient la voir
déchirée par la guerre civile et par l'anarchie.

Vous allez ajouter maintenant de nouveaux
services à ceux que vous avez déjà rendus au roi
et à la patrie pendant les deux dernières législa-
tures ; un vaste champ s'ouvre à vos talens et à
vos vertus. Vous avez beaucoup fait ; mais il vous
reste beaucoup à faire. L'Europe vous regarde ;
le peuple espagnol qui vous a confié ses destinées
attend tout de vous, et son espoir ne sera point
trompé : Achevez votre ouvrage, respectables
législateurs, et ne perdez jamais de vue que le
sort de nos concitoyens, la stabilité des institutions libérales et la cause de l'humanité dépen-
dent en grande partie de vous.

N.º 292. — DISCOURS *du roi d'Espagne à l'ouverture de la session des Cortès extraordinaires.*

Madrid, 28 septembre 1821.

(Annuaire historique, 1821 ; p. 668.)

Messieurs les députés, depuis que j'ai fait connaître aux Cortès les motifs qui me faisaient regarder comme utile la convocation de cette assemblée extraordinaire, rien n'a autant occupé
ma royale pensée que le désir de vous voir réunis.

Aujourd'hui mes vœux sont satisfaits; et je me livre à l'agréable et juste espérance du bien que la patrie doit recueillir de vos travaux.

Les affaires que je me suis décidé à soumettre à vos délibérations sont principalement celles dont le réglement est nécessaire pour la prompte consolidation du système constitutionnel ; c'est la division du territoire et les moyens d'y adapter l'administration politique; ce sont les codes, les ordonnances militaires, le projet d'un décret organique pour l'armée navale, et le décret sur l'organisation des milices actives.

Il est extrêmement urgent de mettre tout cela en harmonie avec la loi fondamentale de l'Etat, afin de rendre l'administration plus aisée, en la délivrant des embarras qui naissent souvent de ce défaut d'harmonie, et que le gouvernement ne peut pas faire disparaître.

J'ai cru qu'il serait bon de décider encore d'autres points qui, sans avoir un rapport aussi intime avec la Constitution, peuvent influer puissamment sur la prospérité générale : de ce nombre sont les mesures qu'il faut adopter pour rétablir la tranquillité et avancer le bien-être des Amériques; l'examen et la réforme des tarifs de douane; la liquidation des fournisseurs; les moyens de diminuer les graves dommages que la circulation des monnaies fausses ou altérées de l'étranger fait éprouver à la nation; les mesures relatives au

III.   15